CÓMO DIBUJAR ANIME

TADASHI OZAWA

 4 Escenas de
combate y acción

NORMA
Editorial

PRÓLOGO

¿Eres capaz de dibujar fácilmente la curva que describe la espalda cuando tu personaje da una patada voladora? ¿Y qué me dices de la distancia entre las piernas del personaje cuando corre? Seguro que te has preguntado alguna vez cómo podrías dibujar esos movimientos para darles más vida y emoción. Lo primero es estudiar atentamente los movimientos del cuerpo, y ésa es la razón por la que siempre nos repiten la misma frase: "los bocetos y el equilibrio son la clave" de los dibujos para videojuegos, para animación, y para manga. ¿Verdad que lo has leído tantas veces que ya te lo sabes de memoria? Muchos acaban abandonando porque se cansan, y piensan que no lo es todo. Pero saber abocetar y equilibrar un dibujo es una necesidad absoluta para que la obra funcione. En la industria del dibujo de personajes, es una cuestión de sentido común.

Algunos de los que sí que admiten que esbozar es importante dicen que no saben cómo aprender. O que no saben cómo averiguar si sus problemas se deben a que les falta talento. ¿Y en tu caso? Mira a tu alrededor. Seguro que tienes mangas y videojuegos que te pueden servir como material de apoyo. En otras palabras, lo que de verdad tienes que preguntarte es: "¿qué estoy mirando?" Con este volumen aprenderás a dibujar con soltura movimientos recurrentes en los videojuegos y los dibujos animados.

CÓMO DIBUJAR ANIME 4: Escenas de combate y acción. (Col. Biblioteca Creativa nº 21). Marzo 2004. Publicación de NORMA Editorial, Passeig Sant Joan, 7. 08010 Barcelona. Tel.: 93 303 68 20 Fax: 93 303 68 31. E-mail: norma@normaeditorial.com. How to Draw Anime 4: Mastering Battle & Action Moves by Tadashi Ozawa © 2001 Tadashi Ozawa. © 2001 Graphic-sha Publishing Co., Ltd.This book was first designed and published in Japan in 2001 by Graphic-sha Publishing Co., Ltd. This Spanish edition was published in Spain in 2004 by NORMA Editorial, S.A. El resto del material así como los derechos por la edición en castellano son © 2004 NORMA Editorial, S.A. Traducción: María Ferrer Simó, Fabián López, Vicky Charques y Lola Montes. Maquetación: Estudi D´Art-Tres. ISBN: 84-8431-933-4. Depósito legal: B-4440-2003. Printed in Spain by Índice S.L.
www.NormaEditorial.com

ÍNDICE

CAPÍTULO 1

Aprende lo básico

¿Qué es el movimiento?

Los movimientos de acción llamativos son los puntos álgidos de una historia. En algunas obras de animación, el núcleo de la historia es la propia acción. Además, muchos de los artistas que hoy conocemos se sintieron atraídos en su día por esta industria a través de las escenas de acción. No obstante, los profesionales opinan que hay que dibujar cualquier postura o acción por entero. Esto plantea un problema para los futuros artistas, pero por el momento, vamos a centrarnos en explicar qué es el movimiento.

1 | Crea un espacio tridimensional imaginario en tu mente

¿Cómo que un espacio imaginario? Para que lo veas más claro, un ejemplo: en los videojuegos en 3-D más modernos, los escenarios dan la sensación de ser un mundo aparte. Los personajes caminan, saltan, pelean y se mueven en ese mundo. Piensa en él como ese "espacio imaginario".

Los artistas que dibujan personajes en movimiento consiguen ese efecto porque en su mente han creado un espacio con una determinada profundidad y una determinada altura. Hay un sistema informático que transfiere los movimientos humanos a los de un personaje animado en los juegos en 3-D: se llama *motion capture*.

Lamentablemente esta herramienta sólo ayuda con los movimientos humanos, ¿no te parece un poco limitado? La acción requiere movimientos exagerados y dinámicos. Para eso hay que tener muy claras las formas tridimensionales. En otras palabras, es necesario que aprendas a dibujar personajes desde varios ángulos.

2 | ¿Cuántos fotogramas hacen falta para crear una obra?

Tanto en una película de animación, como en los videojuegos o en el manga, verás que las principales escenas de acción son series de planos estáticos.
Por ejemplo, una patada giratoria consta de:

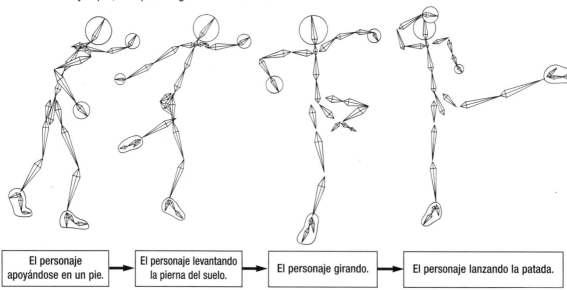

| El personaje apoyándose en un pie. | El personaje levantando la pierna del suelo. | El personaje girando. | El personaje lanzando la patada. |

Esta secuencia de posturas es el movimiento. Los personajes que vemos moverse y andar en televisión están hechos a partir de montones de *motion stills*. Veamos cuántos dibujos de este tipo hacen falta exactamente.

Para animación en acetatos

- **Un episodio de 30 minutos: de 3.500 a 5.000 acetatos**
- **Una película de animación: de 30.000 a 100.000 acetatos**

Es necesaria una cantidad enorme de acetatos: los artistas tienen que dibujar entre 5 y 20 acetatos para cada segundo de la película.

Para videojuegos

Los juegos constan del mismo número de imágenes aproximadamente, pero la mayoría de las personas no se dan cuenta. Observa por ejemplo un juego de combate en dos dimensiones. Según la combinación de botones que escojas, los personajes harán un ataque u otro. Ahí está también el interés del juego. ¿Cuántos movimientos hace tu personaje de videojuego preferido? Las acciones no se limitan a los ataques, también incluyen los movimientos de defensa. Reaccionar al dolor, protegerse, celebrar la victoria y otras escenas nos parecen muy normales cuando estamos jugando, pero en realidad están compuestas por secuencias de movimiento complejas. Los esquemas siguientes ilustran este punto.

Atacar

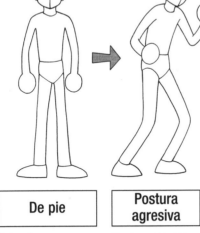

Cubrirse

De pie

Antes de empezar

Postura agresiva

Empieza el juego. El personaje está en guardia, esperando a que tú lo muevas.

Tocado

Y estos movimientos aparecen incluso antes de que el personaje empiece a luchar.

Pasemos al ataque. ¿Por dónde empezamos? No se empieza por un puñetazo, ni por una patada. El primer paso es acercarse al enemigo. Independientemente de si se ataca desde arriba o desde abajo, el juego ya ha empezado.

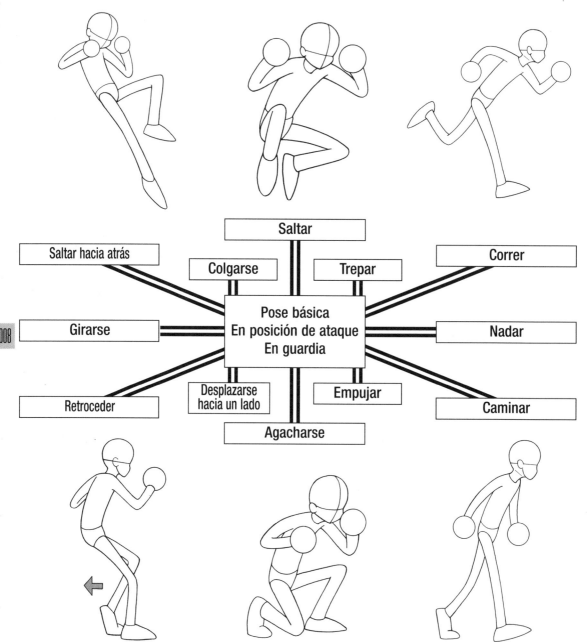

Si sueles jugar a videojuegos, lo que viene a continuación te sonará bastante.

- **La diferencia de fuerza entre un puñetazo o patada floja, media o fuerte.**
- **La distancia entre tú (tu personaje) y el enemigo.**

Son los elementos que deciden la victoria. Y no olvidemos el gesto de lanzar objetos. Además, si se incluye algún efecto, como fuego o explosiones para darle más dramatismo, un único personaje podría tener más de 100 segmentos animados distintos.

Si cada segmento animado requiere unas 7 imágenes,

100 segmentos animados x 7 imágenes = 700 imágenes.

Los juegos más recientes suelen tener unos 14 personajes.

14 personajes x 700 imágenes = 9.800 imágenes.

...que se dice pronto, ¿no?

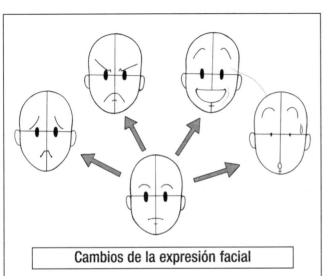

Cambios de la expresión facial

Ahora pensemos en las aventuras gráficas o en los simuladores de aventuras románticas, que parecen tener menos movimiento. Por muy guapa que sea la chica, si sólo se utilizara un dibujo estático sin cambios de expresión, resultaría muy aburrido. La clave de estos juegos es el diálogo con los personajes. Lo que le da vida y un toque divertido es que un personaje determinado se exprese mediante reacciones como el llanto, la risa o el enfado.

009

Además, cuantas más expresiones faciales tenga un personaje, más real y más vivo parecerá. El mínimo es de 3 imágenes por emoción. Las emociones básicas son satisfacción, enfado, tristeza y alegría.

4 emociones x 3 imágenes x 2 (ojos y boca) = 24 imágenes

Si se añade algún detalle opcional como cambios de ropa según la estación o escenas especiales, con 20 opciones por variante...

24 imágenes x 20 opciones = 480 imágenes

En un juego suelen aparecer unos 12 personajes de este tipo.

480 imágenes x 12 personajes = 5.760 imágenes

Y si además queremos darle más personalidad a un personaje en concreto con gestos faciales más sutiles, o añadir animaciones en las escenas especiales, entonces ya... las cuentas se nos van de las manos.

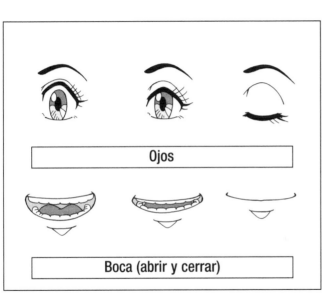

Ojos

Boca (abrir y cerrar)

Manga

¿Y en el caso del manga? Cada artista tiene su estilo, pero la norma de cara a la impresión suele ser de 16 páginas. ¿Cuántos dibujos tiene cada página, entonces? Una página de cómic suele estar dividida en unas 7 u 8 viñetas.

16 páginas x 8 viñetas = 128 viñetas

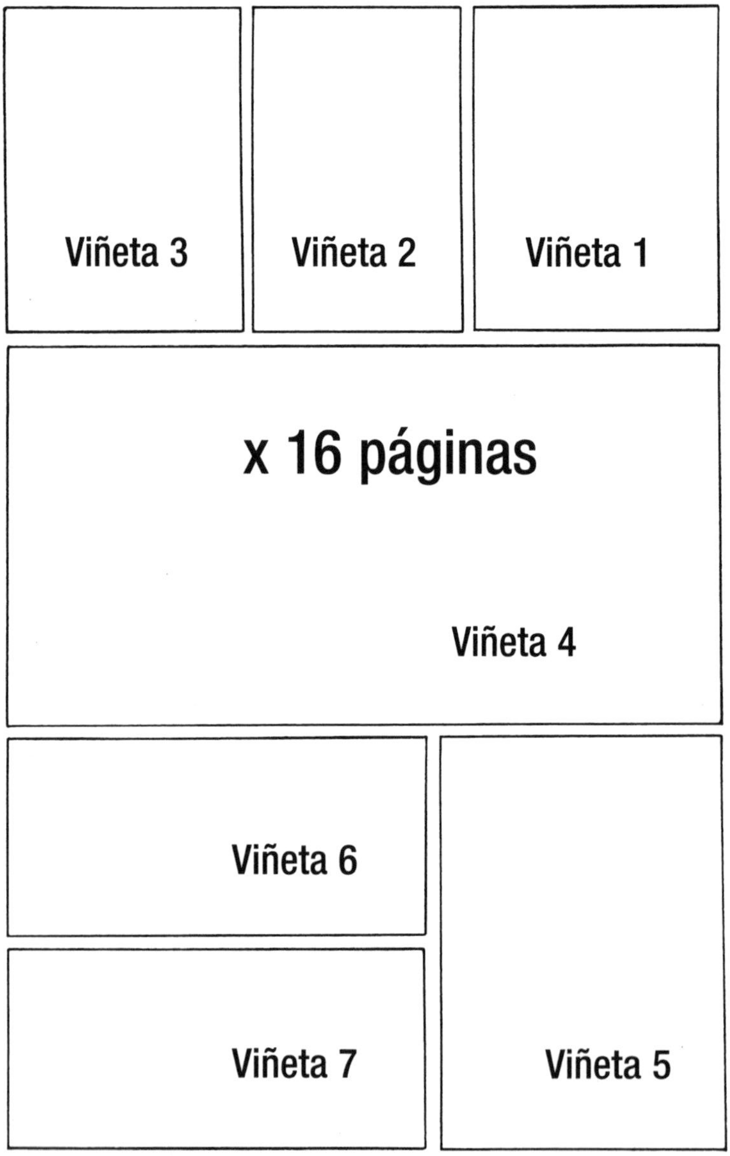

Viñeta 3

Viñeta 2

Viñeta 1

x 16 páginas

Viñeta 4

Viñeta 6

Viñeta 7

Viñeta 5

Naturalmente, no puedes construir tu historia con un solo personaje. Al menos debería haber 4.

128 viñetas x 4 personajes = 512

Pero no todos los personajes aparecen en cada viñeta: con 4, sería una exageración. Pero suponiendo que el manga esté pensado para serializarse en revistas semanales...

512 dibujos de personajes x 4 semanas = 2.048 dibujos de personajes

Y si los fondos van aparte, la cifra se eleva todavía más.

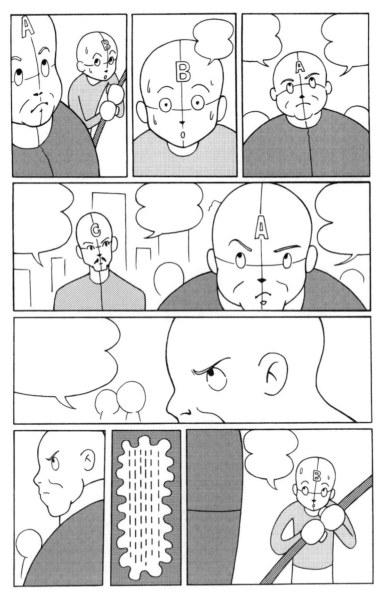

Dibujar movimiento implica saber manejar con facilidad distintos ángulos y composiciones. Consiste en utilizar series de varios dibujos y unir esas secuencias para capturar el movimiento.
Es esencial para la animación de videojuegos, para el manga y el anime, o para ilustraciones y otros tipos de arte que tengan algo que ver con gráficos.

Y hasta aquí la introducción. Ahora, vamos a dibujar.

El cuerpo humano

No es necesario basarse siempre en la estructura ósea del cuerpo. Pero si te la sabes, seguramente mejorarás más rápido, porque es el punto de partida de un boceto. Cuando aprendas cómo está estructurado el esqueleto, podrás manipular la forma de tu personaje según tu estilo, exagerándola como más te guste. En eso consiste el diseño de personajes.

El torso y los brazos

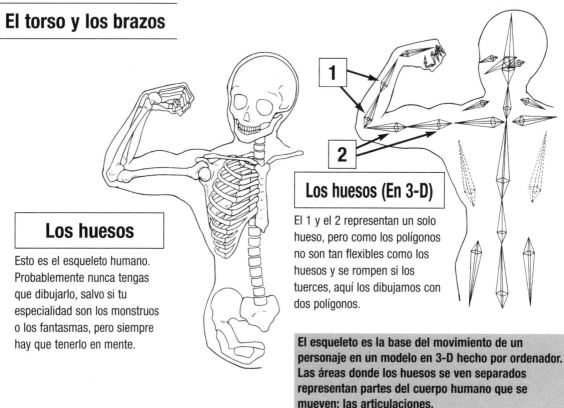

1

2

Los huesos (En 3-D)

El 1 y el 2 representan un solo hueso, pero como los polígonos no son tan flexibles como los huesos y se rompen si los tuerces, aquí los dibujamos con dos polígonos.

Los huesos

Esto es el esqueleto humano. Probablemente nunca tengas que dibujarlo, salvo si tu especialidad son los monstruos o los fantasmas, pero siempre hay que tenerlo en mente.

El esqueleto es la base del movimiento de un personaje en un modelo en 3-D hecho por ordenador. Las áreas donde los huesos se ven separados representan partes del cuerpo humano que se mueven: las articulaciones.

Modelo de cajas

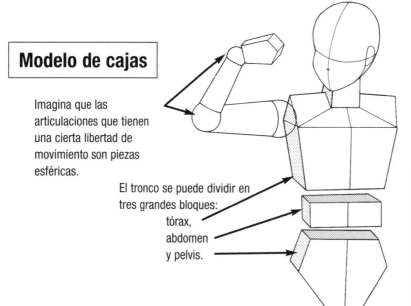

Imagina que las articulaciones que tienen una cierta libertad de movimiento son piezas esféricas.

El tronco se puede dividir en tres grandes bloques:
tórax,
abdomen
y pelvis.

Aunque se te dé muy bien hacer bocetos, transformar el flexible cuerpo humano con sus curvas en una figura tridimensional no es tarea fácil. Visualizar esta estructura de bloques o cajas te facilitará las cosas.

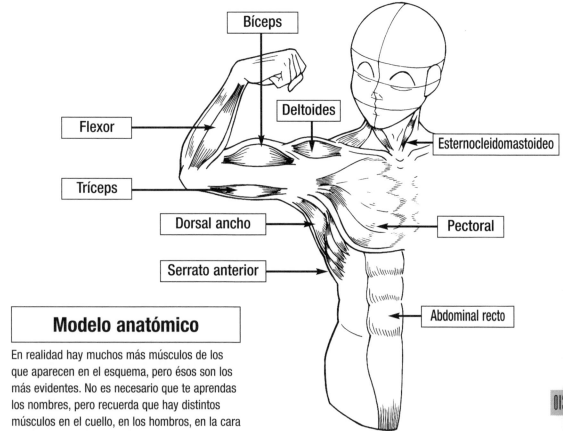

Bíceps

Deltoides

Flexor

Esternocleidomastoideo

Tríceps

Pectoral

Dorsal ancho

Serrato anterior

Abdominal recto

Modelo anatómico

En realidad hay muchos más músculos de los que aparecen en el esquema, pero ésos son los más evidentes. No es necesario que te aprendas los nombres, pero recuerda que hay distintos músculos en el cuello, en los hombros, en la cara interna y externa de los brazos, del codo a la muñeca, en los costados, en las costillas, en el pecho y en el estómago.

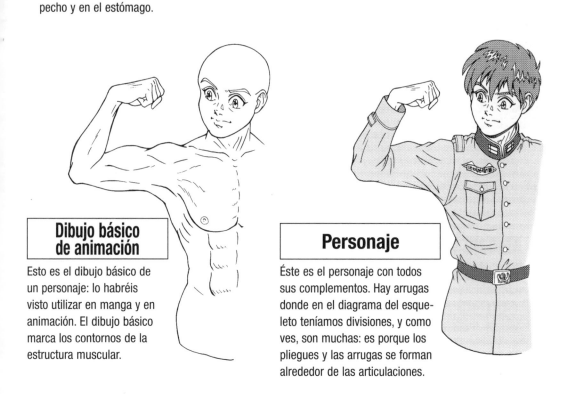

Dibujo básico de animación

Esto es el dibujo básico de un personaje: lo habréis visto utilizar en manga y en animación. El dibujo básico marca los contornos de la estructura muscular.

Personaje

Éste es el personaje con todos sus complementos. Hay arrugas donde en el diagrama del esqueleto teníamos divisiones, y como ves, son muchas: es porque los pliegues y las arrugas se forman alrededor de las articulaciones.

Las piernas

Una patada es una acción que impresiona, y se usa con frecuencia para remarcar la acción de una escena. Además la posición y el ángulo de la pierna expresan el centro de gravedad, como también definen el equilibrio de una composición. Es importante que adquieras un sentido general de las posiciones de los músculos y de los huesos.

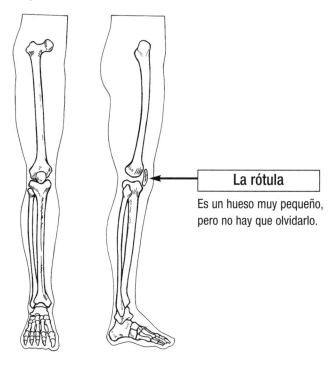

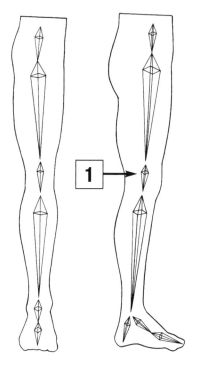

La rótula

Es un hueso muy pequeño, pero no hay que olvidarlo.

1

Partes de los huesos

Si sabes qué es la rótula y cuál es su función, te será más fácil dibujar las rodillas de tus personajes. La rótula es lo que le da a la rodilla ese aspecto plano.

Los huesos (en 3-D)

El pequeño polígono que aparece en el 1 representa la rótula. Si no fuera por la rótula, en un dibujo en 2 dimensiones, la rodilla se doblaría en ángulo, y parecería mecánica.

Modelo de cajas

Los círculos representan las articulaciones. Los muslos y los gemelos son como cilindros. Si la caja que representa los pies está inclinada, los visualizarás mejor.

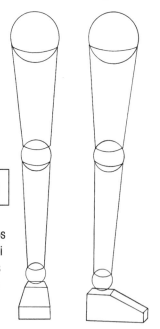

Modelo anatómico

Recuerda que los músculos del muslo están unidos por delante, por los lados y por detrás, pero que el gemelo sólo lo está por los lados.

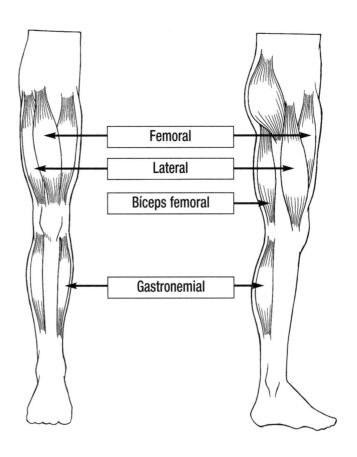

Femoral

Lateral

Bíceps femoral

Gastronemial

Dibujo para animación

Las líneas del dibujo muestran los salientes y cavidades que forman los músculos de las piernas.

El personaje

Cuando el personaje está vestido, la estructura ósea se marca aún más, porque las arrugas se forman alrededor de las rodillas y otras articulaciones.

Los movimientos de la cabeza

Un personaje no puede participar en una escena de acción mirando al frente todo el rato. La cabeza se tiene que mover con el cuerpo, de lo contrario limitas las posturas que puedes utilizar. Estas páginas te enseñarán movimientos que puedes aplicar a tus dibujos.

Cabeza estándar

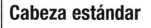

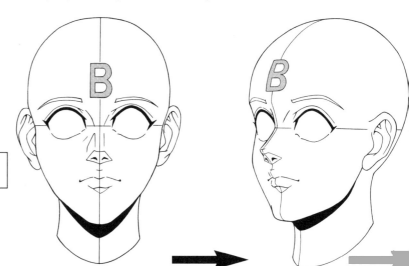

De frente y de perfil

Esta cabeza tiene los rasgos muy estilizados: los ojos están en el medio, y son grandes. Observa cómo va girando.

La oreja tapa la parte de atrás del cráneo.

La frente tiene una parte curva que tapa los párpados, y se ven las cejas y las pestañas.

Levantar la cabeza

Atención a la línea de la mejilla: primero sobresale y luego se mete hacia dentro.

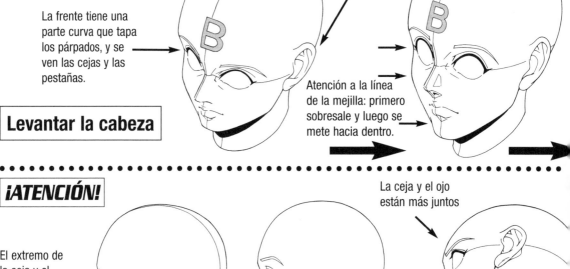

¡ATENCIÓN!

La ceja y el ojo están más juntos

El extremo de la ceja y el rabillo del ojo se acercan.

Se ve también el orificio nasal del lado opuesto.

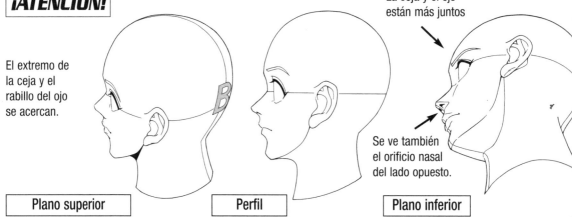

| Plano superior | Perfil | Plano inferior |

Los labios y la nariz sobresalen y la silueta de la cara queda así. No te olvides de la mejilla.

De perfil. El labio superior cubre un poco el inferior.

La altura del ojo es la misma que vista de frente. El ojo no tiene que sobresalir de su cuenca.

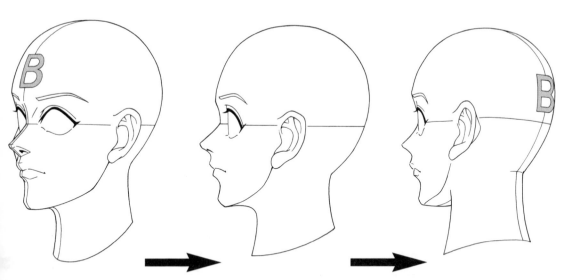

Las cejas describen el mismo contorno que la cabeza.

Las cejas siguen la curva de la frente.

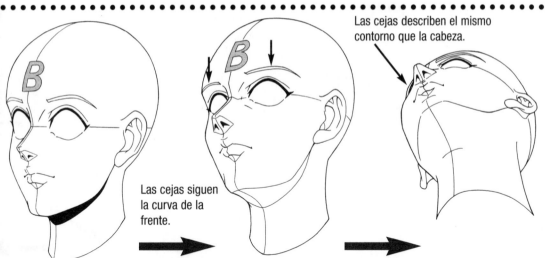

No lo olvides: hay 3 estilos de perspectiva ascendente

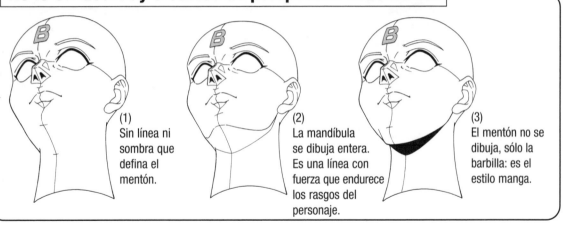

(1) Sin línea ni sombra que defina el mentón.

(2) La mandíbula se dibuja entera. Es una línea con fuerza que endurece los rasgos del personaje.

(3) El mentón no se dibuja, sólo la barbilla: es el estilo manga.

La cabeza del personaje

Aunque este personaje es un poco manga, le hemos dado un toque más redondeado para que sus rasgos sean más realistas. Los ojos no son tan exagerados como los del anime, y hay que tener en cuenta que, si las cejas y las pestañas están bien marcadas, deben moverse junto con el conjunto.

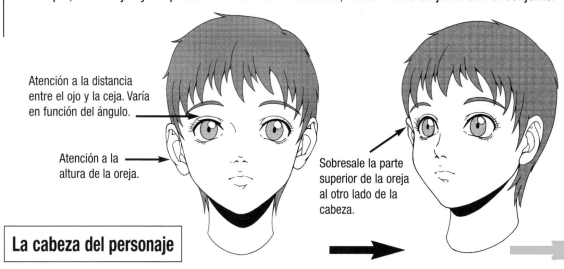

Atención a la distancia entre el ojo y la ceja. Varía en función del ángulo.

Atención a la altura de la oreja.

Sobresale la parte superior de la oreja al otro lado de la cabeza.

La cabeza del personaje

En este ángulo, la oreja desaparece detrás de la cabeza. Si queda raro, déjala.

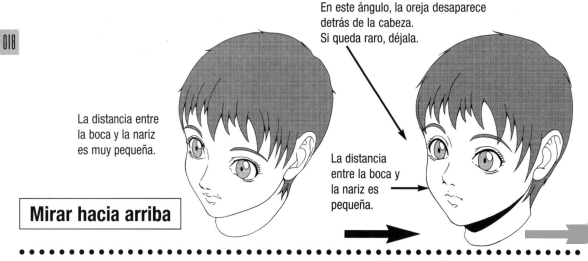

La distancia entre la boca y la nariz es muy pequeña.

La distancia entre la boca y la nariz es pequeña.

Mirar hacia arriba

¡ATENCIÓN!

Es mejor no dibujar el orificio del lado opuesto.

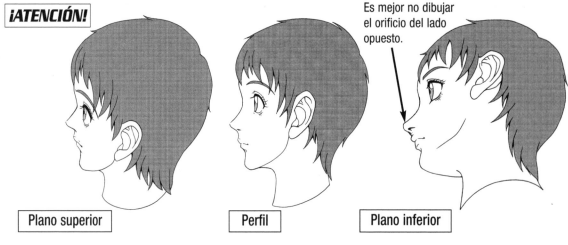

Plano superior

Perfil

Plano inferior

l contorno del ojo describe una urva donde la mejilla sobresale.

La línea del contorno debería ser un poco más fina en la punta de la nariz, en la barbilla y en la cavidad del labio inferior. Dejar la línea cortada le confiere a la cara más suavidad.

La curva de la frente bien marcada. Y cuidado con hacer la barbilla demasiado puntiaguda.

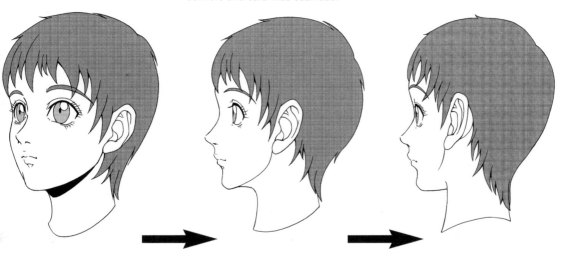

La ceja se funde con la línea de la cabeza.

El punto donde la mandíbula y la mejilla se unen se marca levemente.

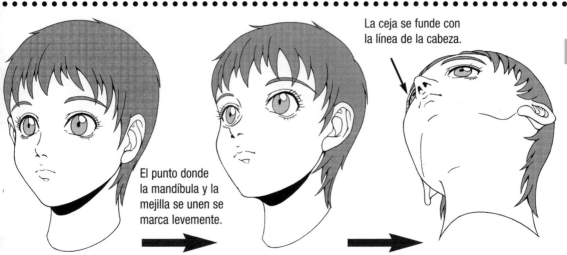

No lo olvides: tres estilos de perspectiva para plano inferior

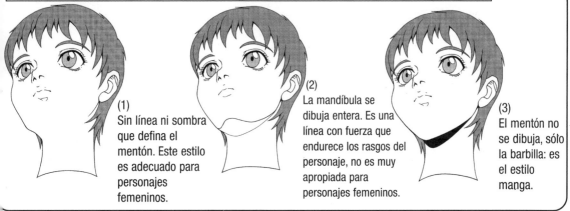

(1) Sin línea ni sombra que defina el mentón. Este estilo es adecuado para personajes femeninos.

(2) La mandíbula se dibuja entera. Es una línea con fuerza que endurece los rasgos del personaje, no es muy apropiada para personajes femeninos.

(3) El mentón no se dibuja, sólo la barbilla: es el estilo manga.

Cursillo relámpago, parte 1

Dibujo de Eriko Nakano, prefectura de Kanagawa

¡Ya casi lo tienes!
Este dibujo está muy bien. Sin embargo habría quedado mejor con los brazos en otra postura, y aplicando ciertos detalles. En cuanto al trazo, lo mejor es acostumbrarse desde el principio a utilizar líneas más limpias.

La espada es un complemento muy interesante, pero no la ha sabido explotar a fondo. Si por el otro lado se ve la empuñadura, el dibujo queda más equilibrado, porque iguala la composición. El chaleco puede dar más juego.

Vamos a observar el dibujo de Eriko pensando en el modelo de cajas. Recuerda que dejar las manos a la vista es uno de los principios del buen diseño de personajes, a menos que haya una razón concreta para ocultarlas.

El ángulo de la rodilla y del pie no coinciden.

El gesto de la mano va muy bien con la expresión facial. Un detalle excelente.

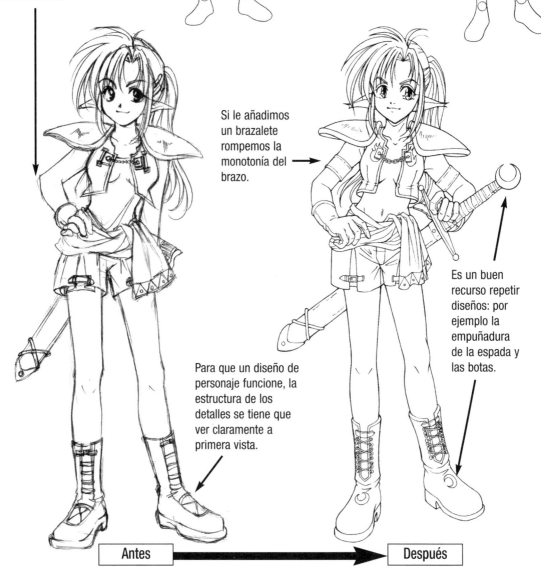

Si le añadimos un brazalete rompemos la monotonía del brazo.

Es un buen recurso repetir diseños: por ejemplo la empuñadura de la espada y las botas.

Para que un diseño de personaje funcione, la estructura de los detalles se tiene que ver claramente a primera vista.

Antes

Después

Correr y caminar: Las bases del movimiento

CAPÍTULO 2-1 | Caminar

Movimientos básicos: Empezar a andar con el pie derecho

Un artista debe ser capaz de dibujar de memoria personajes caminando o corriendo antes de pasar a acciones más elaboradas. Andar no es tan emocionante como otros movimientos, pero es necesario dominar esta parte para poder progresar.

Empezaremos con los *key frames* de una secuencia de acción (en este caso, caminar). Atención al punto 4: es la postura final de toda la secuencia.

Nuestras cabezas suben y bajan al caminar. Por eso aunque dibujásemos sólo el torso, podemos dar la sensación de que el personaje está andando.

Al caminar no siempre tenemos el puño cerrado, pero si al correr. Es básico dominar el dibujo de los puños.

Ésta es la postura de partida a la que se le añadirá el movimiento.

Para indicar que la espalda se mueve, en este segundo dibujo se verá menos superficie que en el primero.

Cuanto más arriba dibujemos el pie, más sensación de velocidad le daremos a la acción.

1

2

3

4

Movimientos básicos: Empezar a andar con el pie izquierdo

Éste es el movimiento opuesto al de la página anterior. Hay que practicar con ambos.

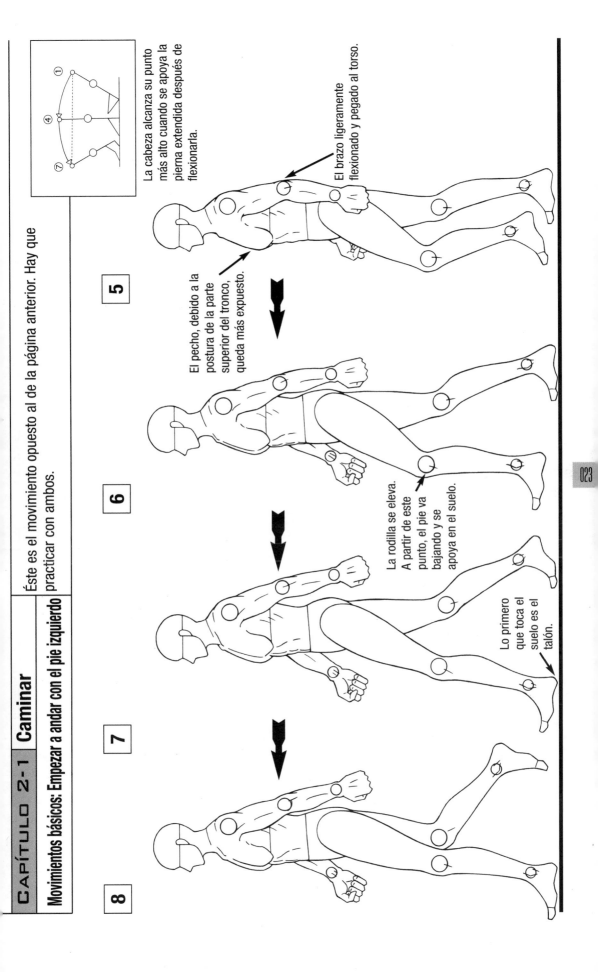

La cabeza alcanza su punto más alto cuando se apoya la pierna extendida después de flexionarla.

El brazo ligeramente flexionado y pegado al torso.

El pecho, debido a la postura de la parte superior del tronco, queda más expuesto.

La rodilla se eleva. A partir de este punto, el pie va bajando y se apoya en el suelo.

Lo primero que toca el suelo es el talón.

5

6

7

8

023

CAPÍTULO 2-1 | Caminar

Movimientos intermedios

Ahora intenta dibujar los movimientos intermedios que irán entre los *key frames*. Presta especial atención a los pequeños movimientos del pie izquierdo cuando el peso del cuerpo deja de recaer en él.

Esta secuencia retoma la de la página anterior:

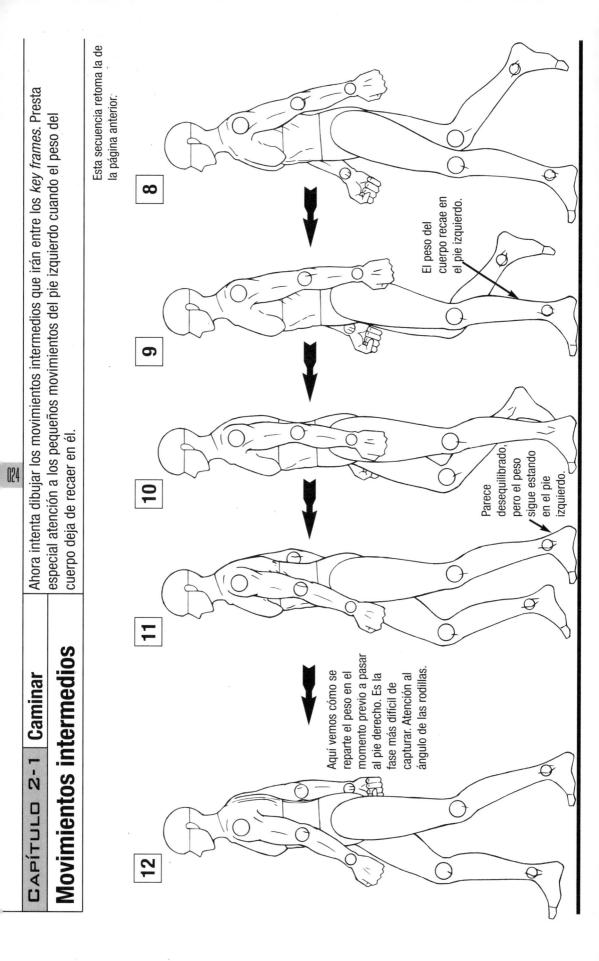

8

9

El peso del cuerpo recae en el pie izquierdo.

10

11

Parece desequilibrado, pero el peso sigue estando en el pie izquierdo.

12

Aquí vemos cómo se reparte el peso en el momento previo a pasar al pie derecho. Es la fase más difícil de capturar. Atención al ángulo de las rodillas.

Hacer que camine un personaje: Empezar con el pie izquierdo

Ahora que ya tienes una idea bastante clara de cómo se flexiona y se extiende el cuerpo, intenta que tu personaje camine. Recuerda que aparecen arrugas en las articulaciones y que marcan los contornos del cuerpo.

En este dibujo la rodilla está totalmente estirada. Aquí puedes decidir si hacer que tu personaje siga andando o si prefieres que se pare.

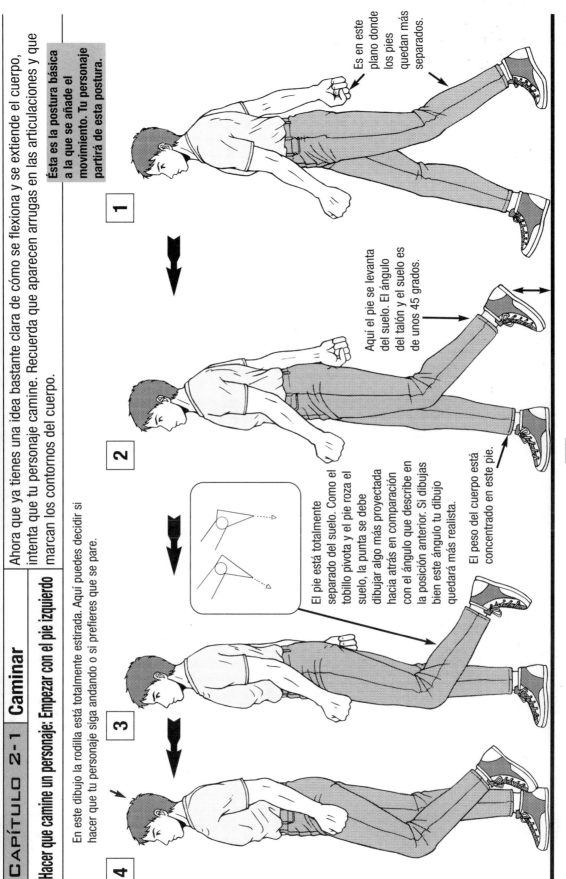

Ésta es la postura básica a la que se añade el movimiento. Tu personaje partirá de esta postura.

Es en este plano donde los pies quedan más separados.

1

Aquí el pie se levanta del suelo. El ángulo del talón y el suelo es de unos 45 grados.

El peso del cuerpo está concentrado en este pie.

2

El pie está totalmente separado del suelo. Como el tobillo pivota y el pie roza el suelo, la punta se debe dibujar algo más proyectada hacia atrás en comparación con el ángulo que describe en la posición anterior. Si dibujas bien este ángulo tu dibujo quedará más realista.

3

4

025

CAPÍTULO 2-1 | Caminar

Debes practicar tu personaje andando de los dos modos: tanto si empieza con el pie izquierdo como si lo hace con el derecho.

Hacer que camine un personaje: Empezar con el pie izquierdo

5

Este dibujo representa el momento previo a que el peso del cuerpo pase del pie derecho al pie izquierdo. La fuerza se ejerce desde la punta del pie, y el talón se levanta levemente.

6

¡ATENCIÓN!

La postura del pie se diferencia del dibujo de la derecha en que la punta se acerca aquí más al suelo.

7

Con el balanceo de los brazos, en este plano se ve la parte derecha del pecho.

La altura de la cabeza es la misma que en el dibujo inicial de la página anterior.

8

Observa los dibujos que muestran las fases intermedias desde que el personaje levanta el pie derecho hasta que lo vuelve a apoyar en el suelo. Ten en cuenta, además de las piernas, el movimiento de los brazos, que van cambiando de posición.

Hacer que camine un personaje: Movimientos intermedios

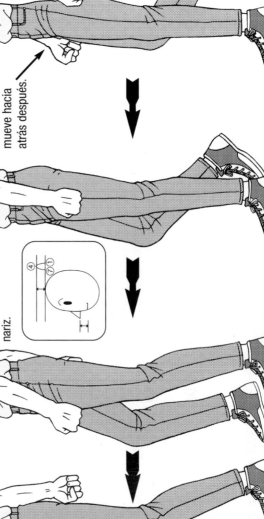

8

9

Continuación del último dibujo de la página anterior.

El brazo opuesto a la pierna que queda más hacia atrás es el que se balancea hacia delante.

El puño se mueve hacia atrás después.

La cabeza está ahora en el punto más alto.

10

¡ATENCIÓN!

La distancia que recorre la cabeza en vertical es aproximadamente la misma que hay desde la boca a la nariz.

11

12

1

El ángulo del pie derecho es el mismo que el de la primera imagen de la página 25. El pie debería estar suspendido en el aire y con el ángulo que ves aquí porque es el talón lo primero que toca el suelo.

Justo después de este movimiento, el personaje apoya el pie derecho, pero el peso todavía está apoyado en el izquierdo.

027

CAPÍTULO 2-2 | Correr

Movimientos básicos al correr: Empezar con el pie derecho

Y ahora, a correr. En estas páginas vamos a ver lo que se llama "carrera estilo anime", porque el movimiento queda mucho más exagerado que en la vida real. El codo se dibuja en una posición muy elevada.

1 Echar a correr

El codo queda algo más arriba que el hombro.

Ésta es la pose inicial en animación cuando dibujamos a alguien corriendo. Toda la acción empieza a partir de esta postura.

2 Contraer los músculos

Las rodillas flexionadas para acumular energía y los músculos del cuerpo contraídos.

3 Saltar

La rodilla sube, y a partir de aquí el pie empieza a bajar hasta que toca el suelo.

Es en este dibujo donde los músculos quedan más extendidos y la cabeza más elevada.

CAPÍTULO 2-2 | Correr

Esta página representa al personaje corriendo con el pie izquierdo delante, pero es la continuación de la página anterior. Al correr, los movimientos se vuelven exagerados y la velocidad aumenta. Hay una evolución en el movimiento cuando el personaje echa a correr y coge velocidad.

Movimientos básicos al correr: Empezar con el pie izquierdo

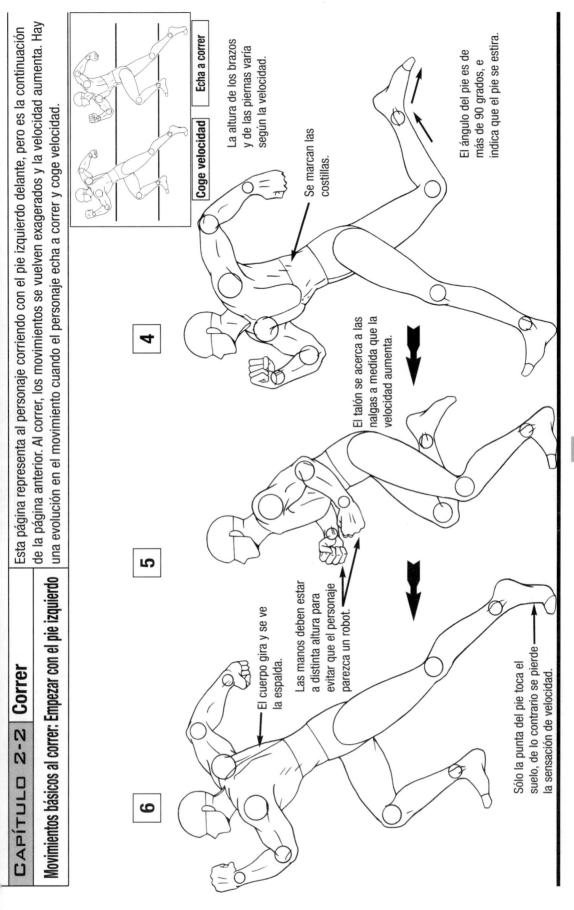

Coge velocidad | Echa a correr

La altura de los brazos y de las piernas varía según la velocidad.

Se marcan las costillas.

El ángulo del pie es de más de 90 grados, e indica que el pie se estira.

El talón se acerca a las nalgas a medida que la velocidad aumenta.

4

5

El cuerpo gira y se ve la espalda.

Las manos deben estar a distinta altura para evitar que el personaje parezca un robot.

6

Sólo la punta del pie toca el suelo, de lo contrario se pierde la sensación de velocidad.

029

CAPÍTULO 2-2 | Correr

Hacer que corra un personaje: Empezar con el pie derecho

Hay que prestar especial atención a los lugares donde aparecen arrugas cuando el personaje corre, porque dibujar bien los pliegues te ayudará a plasmar la velocidad mucho mejor.

1 | Echar a correr

Aparecen arrugas alrededor de los omóplatos y de la columna vertebral.

Si dibujamos la ropa volándose en dirección opuesta a la del movimiento del personaje, incrementará la sensación de velocidad.

Ésta es la típica imagen de anime de un personaje corriendo. En este punto el giro de la espalda debería exagerarse al máximo.

2 | Contraer los músculos

Las arrugas parten de los puntos en que se amontona la tela.

3 | Separarse del suelo

Las arrugas acompañan el giro que describe el cuerpo.

Éste es el momento en el que la punta del pie se levanta y pasa a la fase siguiente. El cuerpo concentra su fuerza en avanzar, de modo que se puede exagerar la postura: que se vea bien que está corriendo hacia delante.

Ésta es la continuación de la página anterior. Atención a la orientación de los tobillos y de las muñecas.

Hacer que corra un personaje: Empezar con el pie izquierdo

4

El codo está a la misma altura que el ojo.

Las muñecas están un poco dobladas.

El talón se eleva.

Los nudillos hacia arriba.

No hay que olvidar que el talón es lo primero que toca el suelo.

El pie levantado se acerca al cuerpo y da una sensación de energía acumulada.

La rodilla de la pierna que se apoya en el suelo está flexionada.

5

Los brazos van de delante atrás y viceversa en este punto.

6

Hay que exagerar la idea del cuerpo inclinado hacia adelante. El brazo más alto llega a su posición más elevada.

Cuando la pierna se levanta, se forman pliegues superpuestos.

Hay que marcar la proyección de la pierna aunque esté estirada.

031

CAPÍTULO 2-3 | Correr hacia la cámara

Las escenas donde un personaje corre hacia la cámara aparecen muchas veces en películas de animación o juegos. A diferencia de la vista lateral, la perspectiva requiere un escorzo, por lo que los brazos y las piernas se dibujan con diferentes tamaños.

Movimientos básicos al correr hacia la cámara: Empezar con el pie derecho

1

El cuello no se ve por este lado.

El cuerpo tapa el brazo.

Esta línea marca la espalda debido a que el cuerpo se inclina.

La punta del pie se dibuja más pequeña porque se ve en perspectiva.

2

El codo hacia afuera.

La rodilla está muy flexionada y el tobillo está orientado hacia afuera.

3

La muñeca doblada hacia el cuerpo.

La línea central del cuerpo está curvada.

Cuanto más rápido corre, más levanta la rodilla. La parte interior del muslo no se ve.

Movimientos básicos al correr hacia la cámara:
Empezar con el pie izquierdo

Ésta es la continuación de la página anterior. El personaje va más rápido ahora y el balanceo de los brazos es más exagerado. El pie se dibuja en perspectiva, más pequeño, y de este modo se acentúa también la distancia entre los pies.

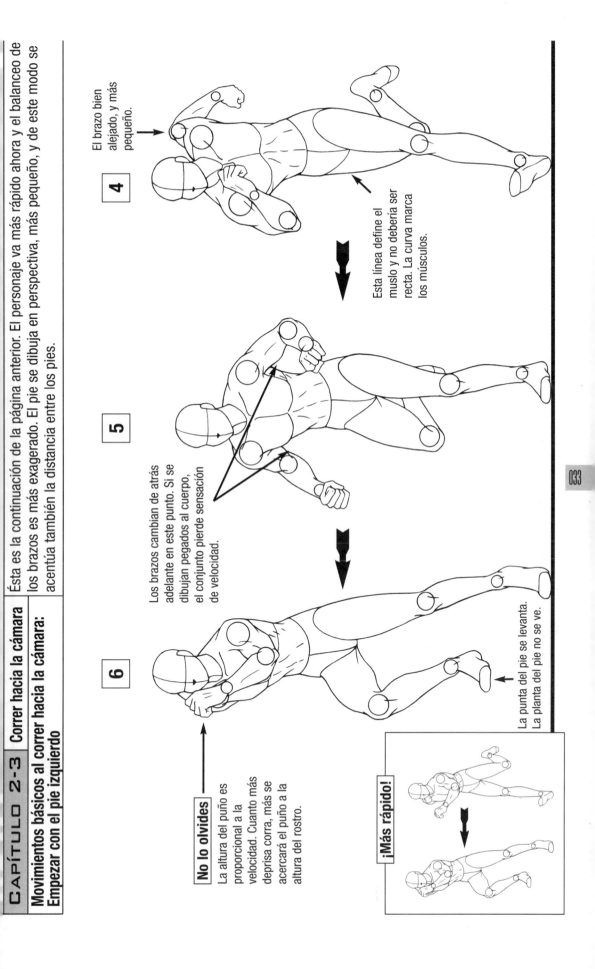

4

El brazo bien alejado, y más pequeño.

Esta línea define el muslo y no debería ser recta. La curva marca los músculos.

5

Los brazos cambian de atrás adelante en este punto. Si se dibujan pegados al cuerpo, el conjunto pierde sensación de velocidad.

6

No lo olvides

La altura del puño es proporcional a la velocidad. Cuanto más deprisa corra, más se acercará el puño a la altura del rostro.

La punta del pie se levanta. La planta del pie no se ve.

¡Más rápido!

033

CAPÍTULO 2-3 | Correr hacia la cámara

Es importante fijar una perspectiva para dibujar personajes corriendo. No se nota en una sola imagen, pero en una secuencia es necesario que la perspectiva sea homogénea, de lo contrario el movimiento parece torpe y no cumple su función.

Personaje corriendo hacia la cámara:
Con el pie derecho

1

Fuerte inclinación del tronco: se ve la parte de detrás del hombro.

El cuerpo se inclina hacia adelante y se crean arrugas en forma de "J" en los pantalones.

Cuidado: la suela del zapato es gruesa, pero también la punta del zapato tiene un grosor específico.

2

Si se acorta el brazo, da la sensación de estar más atrás que el resto del cuerpo.

No lo olvides

En una mano vemos la parte del pulgar, y en la otra el dorso de la mano flexionada.

Los pliegues se forman en función de los contornos del cuerpo: aquí, por la inclinación del torso aparecen en el abdomen.

3

El codo paralelo a la cámara, y mirando hacia afuera.

Ésta es la continuación de la página anterior. Ahora han cambiado las extremidades del personaje que vemos en el primer plano. Se debe prestar atención a la orientación de las arrugas que se forman en la camiseta.

Personaje corriendo hacia la cámara: Con el pie izquierdo

4

Las arrugas que se habían formado antes se alisan y aparecen otras al otro lado.

Las líneas de las costuras ayudan a marcar la dirección en la que se mueve el cuerpo.

¡ATENCIÓN!
La línea del pantalón en la pierna de delante tiene que curvarse hacia arriba. El pie de detrás mira hacia abajo.

5

Dibujar pliegues en las líneas de los músculos da naturalidad al conjunto.

La rodilla no se compone de una simple curva. Digamos que el contorno primero se curva y después sobresale, y así se marca la rótula.

6

Estas líneas indican que la tela se acumula.

CAPÍTULO 2-4 | Correr en dirección opuesta a la cámara

Esta acción, contraria a la que hemos visto en las páginas anteriores, se utiliza en escenas en que el personaje huye o escapa, o toma parte en una persecución y da la espalda a la cámara.

Movimientos básicos: Empezar con el pie derecho

El tamaño de manos y pies irá variando en función de su posición.

1

No lo olvides

El brazo que queda detrás proyecta el omoplato, que se marca en la espalda. El contorno de este hombro se dibuja más largo para acentuar este efecto.

Esta línea se mete hacia adentro.

La línea de la cara interna del muslo describe esta curvatura cuando el personaje se encuentra en esta postura.

El antebrazo no se ve.

2

Atención a la curva de la clavícula.

Los brazos no son simétricos. Uno debe estar más suelto que el otro.

Esta pierna está muy estirada. Se debe dibujar la línea de detrás de la rodilla algo más larga, y bastante recta.

Esta línea se mete hacia adentro.

3

El codo está muy alto, y tapa la cabeza.

Sólo la punta del pie toca el suelo y da la impresión de que el pie se impulsa con fuerza.

Ésta es la continuación de la página anterior. Los movimientos del personaje se exageran más a medida que el ritmo de la carrera aumenta. El movimiento de la clavícula es la clave de la acción.

Movimientos básicos: Empezar con el pie derecho

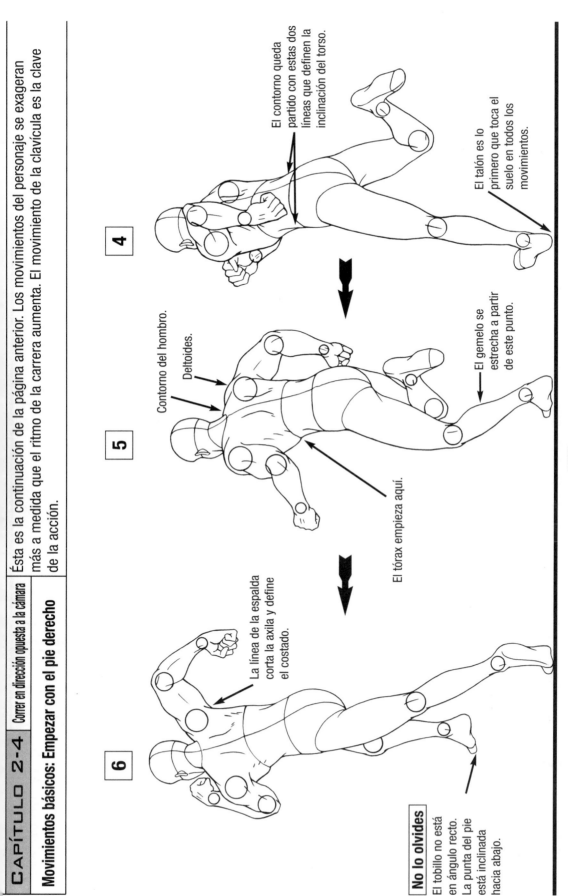

4

El contorno queda partido con estas dos líneas que definen la inclinación del torso.

El talón es lo primero que toca el suelo en todos los movimientos.

5

Contorno del hombro.

Deltoides.

El gemelo se estrecha a partir de este punto.

El tórax empieza aquí.

6

La línea de la espalda corta la axila y define el costado.

No lo olvides

El tobillo no está en ángulo recto. La punta del pie está inclinada hacia abajo.

Veamos cómo queda el personaje corriendo en dirección opuesta a la cámara. Para añadir sombreado y realzar la sensación de volumen, se debe oscurecer la sombra gradualmente en función de la curvatura de cada parte. Las arrugas en la ropa se dibujarán en función del boceto.

Personaje corriendo en dirección opuesta la cámara:
Con el pie derecho

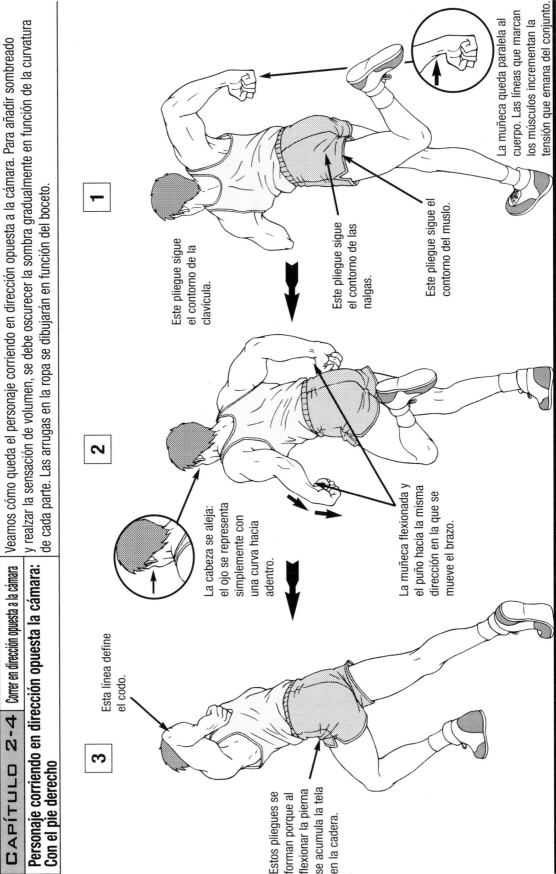

1

Este pliegue sigue el contorno de la clavícula.

Este pliegue sigue el contorno de las nalgas.

Este pliegue sigue el contorno del muslo.

La muñeca queda paralela al cuerpo. Las líneas que marcan los músculos incrementan la tensión que emana del conjunto.

2

La cabeza se aleja: el ojo se representa simplemente con una curva hacia adentro.

La muñeca flexionada y el puño hacia la misma dirección en la que se mueve el brazo.

3

Esta línea define el codo.

Estos pliegues se forman porque al flexionar la pierna se acumula la tela en la cadera.

A continuación, veamos cómo dibujar un personaje que se aleja corriendo del espectador. Para añadir sombras, haz que la parte superior del área posterior sea la más clara y oscurécela progresivamente, siguiendo la curva de los hombros, lo que le dará aspecto tridimensional. Las arrugas de la ropa deben dibujarse de acuerdo con el modelo.

Personaje corriendo en dirección opuesta a la cámara:
Con el pie izquierdo

4

El dobladillo del pantalón se levanta levemente en la dirección opuesta a la del movimiento, y así se le confiere una sensación de velocidad a la acción.

Esta línea que corta el contorno de la cara interna de la rodilla marca el tendón.

5

Las líneas que marcan los huesos del dorso de la mano incrementan el realismo de un puño apretado.

El brazo que queda detrás está bien separado del cuerpo, y levantado.

6

El brazo que queda delante está más cerca del cuerpo y más bajo.

La punta del pie se ve.

039

CAPÍTULO 2-5 | Personaje que corre visto desde arriba

Vamos a ver cómo se dibuja un personaje que corre visto desde un ángulo oblicuo. Lo primero es imaginarse al personaje dentro de una caja. Esto nos ayudará a definir el alcance de sus movimientos. Es recomendable dibujar líneas paralelas en el fondo de la caja para saber "por dónde va a ir" el personaje.

Figura corriendo: Empezar con el pie derecho

1

Se ve la parte de atrás del hombro porque el cuerpo está inclinado y un poco de lado.

2

Si el personaje no queda entre estas dos líneas, está desproporcionado.

La parte de arriba del brazo derecho no se ve.

Esta curva cóncava indica el punto donde el hombro se une con el pecho.

Estas líneas marcan la posición de los pies del personaje: así no parecerá que flota.

Figura corriendo: Empezar con el pie izquierdo

Continuamos dividiendo un paso en cuatro imágenes. Fijaremos primero la postura inicial (1) y el momento en que el personaje echa a correr (2), y después veremos el punto en que el pie izquierdo toca el suelo con la pierna totalmente extendida (3), y cuando el personaje vuelve a flexionar la pierna.

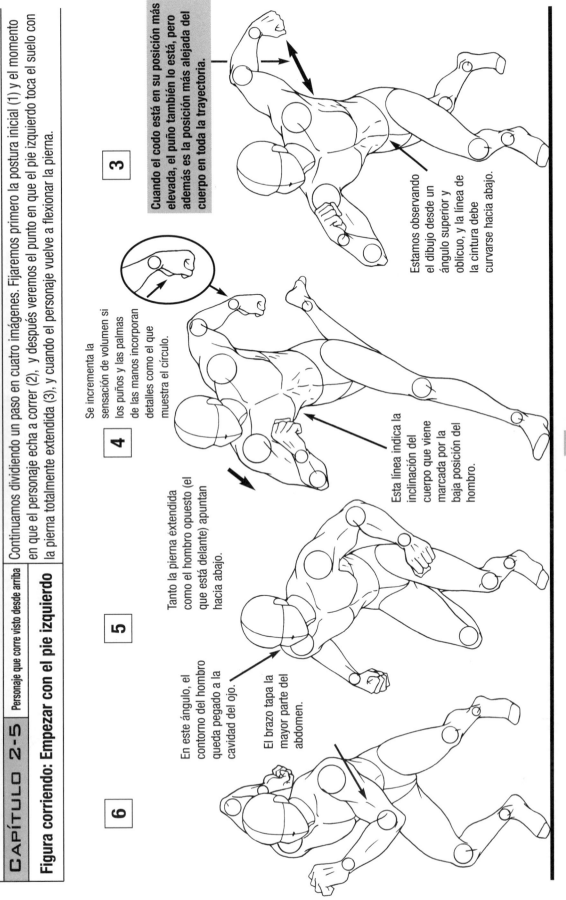

3

Cuando el codo está en su posición más elevada, el puño también lo está, pero además es la posición más alejada del cuerpo en toda la trayectoria.

Estamos observando el dibujo desde un ángulo superior y oblicuo, y la línea de la cintura debe curvarse hacia abajo.

4

Se incrementa la sensación de volumen si los puños y las palmas de las manos incorporan detalles como el que muestra el círculo.

Esta línea indica la inclinación del cuerpo que viene marcada por la baja posición del hombro.

5

Tanto la pierna extendida como el hombro opuesto (el que está delante) apuntan hacia abajo.

En este ángulo, el contorno del hombro queda pegado a la cavidad del ojo.

El brazo tapa la mayor parte del abdomen.

6

041

CAPÍTULO 2-5 | Personaje que corre visto desde arriba

Imagina el personaje en una caja, corriendo dentro de unos límites establecidos. Dado que el personaje se dibuja en función de una perspectiva concreta, es necesario prestar mucha atención a los pliegues de la ropa.

Personaje corriendo: Empezar con el pie derecho

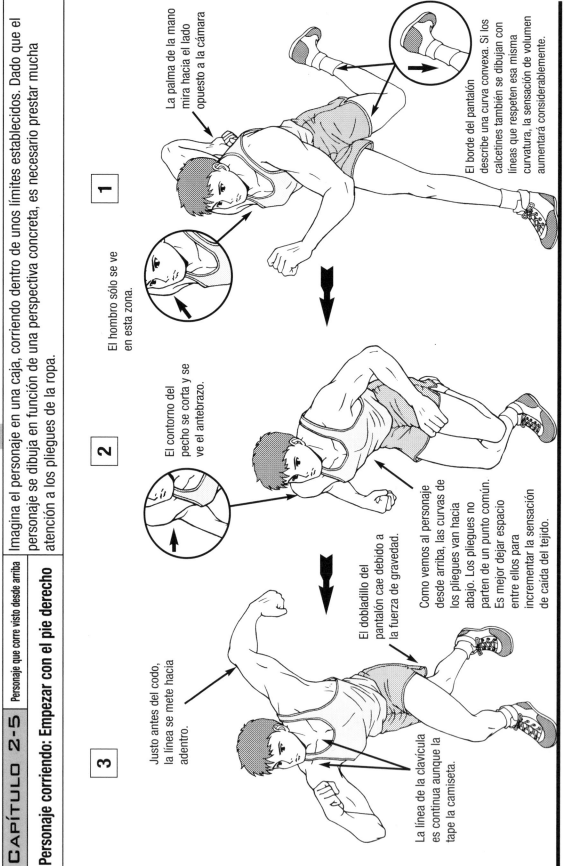

1

La palma de la mano mira hacia el lado opuesto a la cámara

El hombro sólo se ve en esta zona.

El borde del pantalón describe una curva convexa. Si los calcetines también se dibujan con líneas que respeten esa misma curvatura, la sensación de volumen aumentará considerablemente.

2

El contorno del pecho se corta y se ve el antebrazo.

El dobladillo del pantalón cae debido a la fuerza de gravedad.

Como vemos al personaje desde arriba, las curvas de los pliegues van hacia abajo. Los pliegues no parten de un punto común. Es mejor dejar espacio entre ellos para incrementar la sensación de caída del tejido.

3

Justo antes del codo, la línea se mete hacia adentro.

La línea de la clavícula es continua aunque la tape la camiseta.

Personaje corriendo: Empezar con el pie izquierdo

En un plano superior oblicuo hay partes del cuerpo que quedan tapadas. Hay que guardar una coherencia en las posiciones de manos y pies.

4 (1) El hombro, (2) los músculos del brazo, y (3) el codo crean tres montículos distintos.

La pierna de delante tapa el muslo, y sólo se ve de la rodilla al pie.

No olvides el músculo del hombro.

Las arrugas del pantalón marcan el contorno de la pierna.

En la entrepierna se forman arrugas.

5 Si en vez de dibujar la camiseta pegada al hombro se deja un espacio que indique que el tirante está levantado, le damos volumen al tejido.

6 Las nalgas se ven planas desde este ángulo.

Estas arrugas se deben a la postura de la pierna flexionada. Deben ser rectas y horizontales.

043

Movimientos básicos: Empezar con el pie derecho

Para terminar con esta parte, vamos a ver cómo se dibuja un personaje haciendo *footing*. Es una acción que se utiliza más de lo que parece, cuando el personaje no tiene prisa, pero se acerca a algo más deprisa que andando. Cuando el personaje sea femenino, los brazos estarán más pegados al cuerpo.

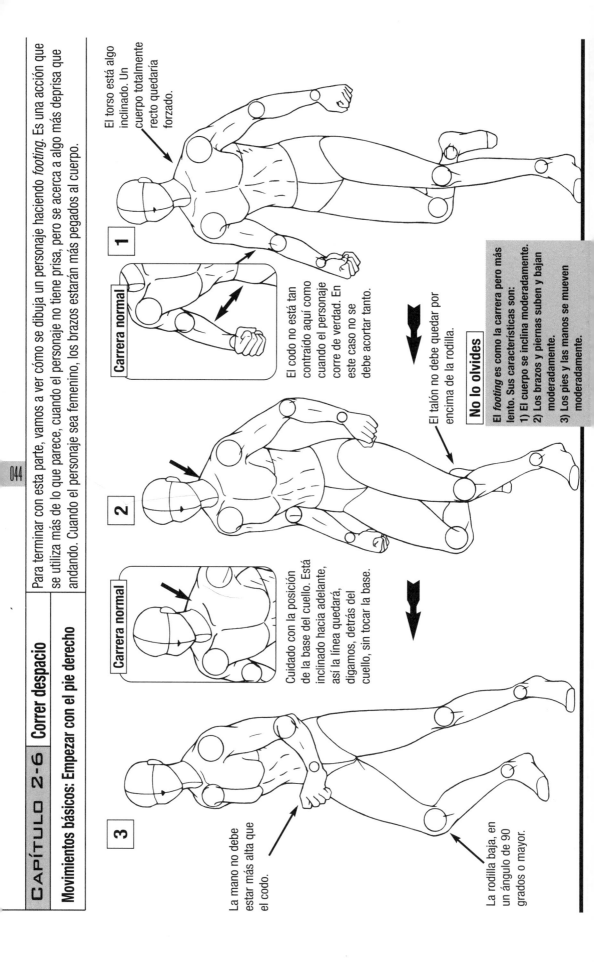

1

El torso está algo inclinado. Un cuerpo totalmente recto quedaría forzado.

Carrera normal

El codo no está tan contraído aquí como cuando el personaje corre de verdad. En este caso no se debe acortar tanto.

El talón no debe quedar por encima de la rodilla.

No lo olvides

El *footing* es como la carrera pero más lento. Sus características son:

1) **El cuerpo se inclina moderadamente.**
2) **Los brazos y piernas suben y bajan moderadamente.**
3) **Los pies y las manos se mueven moderadamente.**

2

Carrera normal

Cuidado con la posición de la base del cuello. Está inclinado hacia adelante, así la línea quedará, digamos, detrás del cuello, sin tocar la base.

3

La mano no debe estar más alta que el codo.

La rodilla baja, en un ángulo de 90 grados o mayor.

044

CAPÍTULO 2-6 | Correr despacio

Éstos son los movimientos del personaje entre el momento en que el pie derecho toca el suelo y el izquierdo pasa a la siguiente etapa.

Movimientos básicos: Empezar con el pie izquierdo

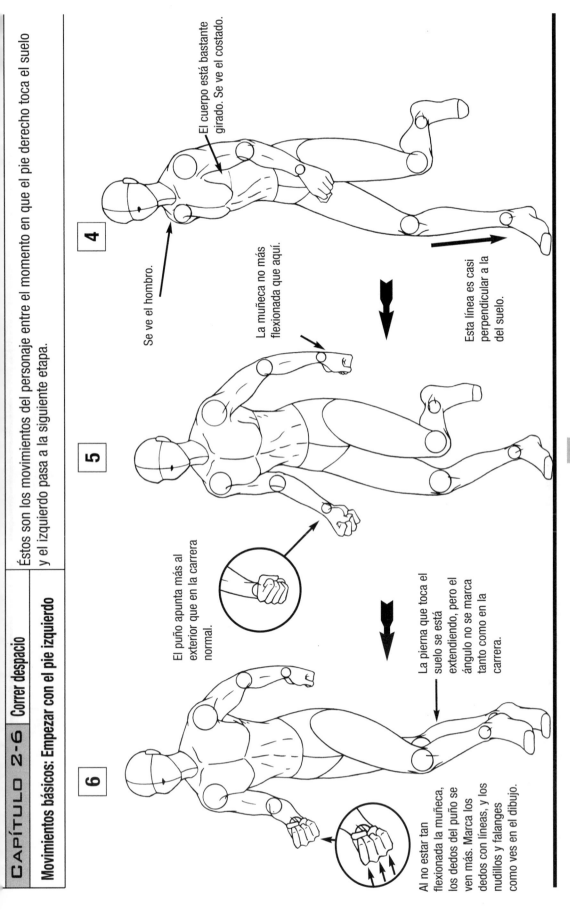

El cuerpo está bastante girado. Se ve el costado.

Se ve el hombro.

La muñeca no más flexionada que aquí.

Esta línea es casi perpendicular a la del suelo.

El puño apunta más al exterior que en la carrera normal.

La pierna que toca el suelo se está extendiendo, pero el ángulo no se marca tanto como en la carrera.

Al no estar tan flexionada la muñeca, los dedos del puño se ven más. Marca los dedos con líneas, y los nudillos y falanges como ves en el dibujo.

04⁵

Los pliegues de la ropa no son iguales que cuando el personaje corre deprisa. El tamaño de éstos también puede aumentar el efecto de los movimientos.

Movimientos básicos: Empezar con el pie derecho

1

Los hombros algo inclinados, se ve la costura y parte de la espalda.

Aquí los pliegues se marcan con líneas gruesas.

La pierna aquí no está tan levantada, así que no dibujaremos tantos pliegues aquí.

2

Aquí está más inclinado. El brazo se balancea; se ve la costura más baja, y más parte de la espalda queda a la vista.

Para que la camiseta tenga caída habrá que dibujar los pliegues paralelos entre sí.

No lo olvides
Pliegues más amplios
1) No tan marcados
2) Más separados
3) Más rectos

El paso parte de la punta del pie, pero el talón no se levanta demasiado.

3

La línea del codo marca el músculo del antebrazo.

Pondremos pliegues que marquen los pectorales.

La punta del pie baja automáticamente.

Ésta es la continuación de la página anterior. El ritmo es algo superior al de la página anterior, y el balanceo de los brazos es algo más exagerado, pero sin pasarse para no dar la sensación de que el personaje corre deprisa.

Movimientos básicos: Empezar con el pie derecho

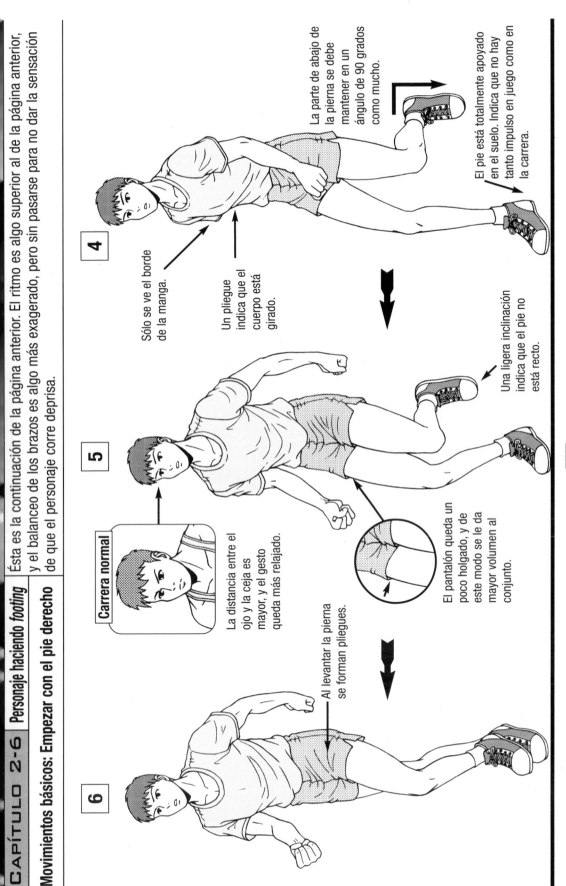

4

Sólo se ve el borde de la manga.

Un pliegue indica que el cuerpo está girado.

La parte de abajo de la pierna se debe mantener en un ángulo de 90 grados como mucho.

El pie está totalmente apoyado en el suelo. Indica que no hay tanto impulso en juego como en la carrera.

5

Carrera normal

La distancia entre el ojo y la ceja es mayor, y el gesto queda más relajado.

Una ligera inclinación indica que el pie no está recto.

El pantalón queda un poco holgado, y de este modo se le da mayor volumen al conjunto.

6

Al levantar la pierna se forman pliegues.

047

Cursillo relámpago, parte 2

Dibujo de Mari Miyaji, Prefectura de Chiba

Es un dibujo que inspira sobriedad. Pero parece más equilibrado en la parte superior de la composición. Como es un diseño para un contexto fantástico, sugiero estilizar los rasgos de la chica.

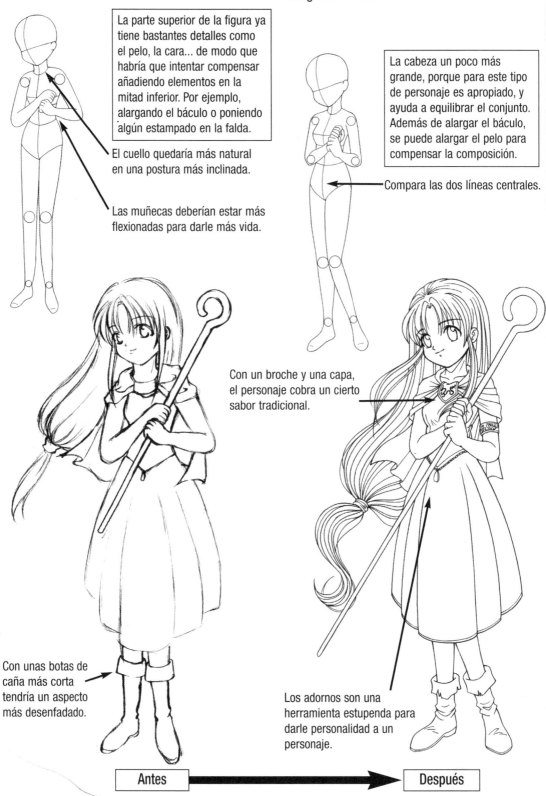

La parte superior de la figura ya tiene bastantes detalles como el pelo, la cara... de modo que habría que intentar compensar añadiendo elementos en la mitad inferior. Por ejemplo, alargando el báculo o poniendo algún estampado en la falda.

El cuello quedaría más natural en una postura más inclinada.

Las muñecas deberían estar más flexionadas para darle más vida.

La cabeza un poco más grande, porque para este tipo de personaje es apropiado, y ayuda a equilibrar el conjunto. Además de alargar el báculo, se puede alargar el pelo para compensar la composición.

Compara las dos líneas centrales.

Con un broche y una capa, el personaje cobra un cierto sabor tradicional.

Con unas botas de caña más corta tendría un aspecto más desenfadado.

Los adornos son una herramienta estupenda para darle personalidad a un personaje.

Antes → Después

CAPÍTULO 3

Acción

El brazo en acción

La forma de ataque más frecuente en las escenas de lucha es el combate con puños. Se producen diversos movimientos que no se limitan al brazo, sino que también incluyen movimientos del tronco, torsión y el uso del puño como si fuese una espada. A la inversa, tendrás que prestar atención a la conexión entre los movimientos del brazo y el cuerpo como conjunto. Un puñetazo pierde la mitad de su fuerza si el cuerpo no lo respalda.

Puñetazo directo | Forma básica

En este tipo de puñetazo, el personaje da un gran paso adelante y aprovecha la fuerza de este paso al dar el puñetazo. Como su nombre indica, el puñetazo se descarga directamente. La figura está dibujada en un estilo manga, imaginando que el puño está en contacto con un oponente. Exagera el movimiento principal.

① Dar un gran paso adelante

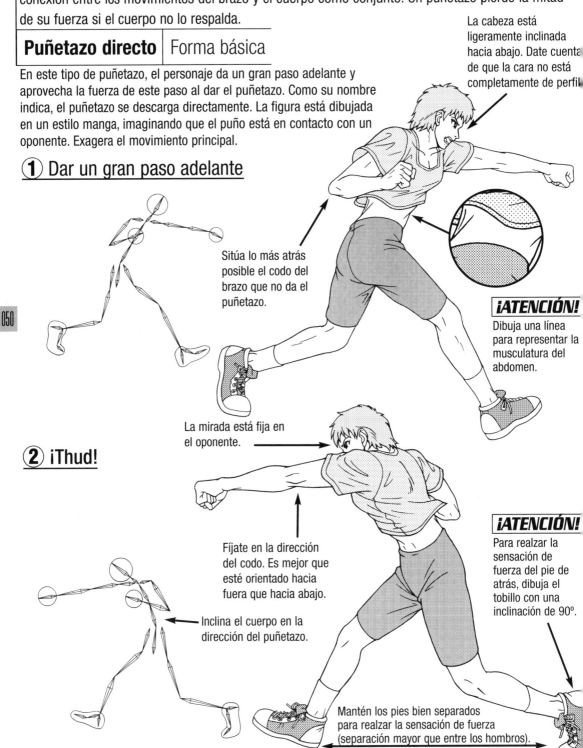

La cabeza está ligeramente inclinada hacia abajo. Date cuenta de que la cara no está completamente de perfil.

Sitúa lo más atrás posible el codo del brazo que no da el puñetazo.

¡ATENCIÓN!
Dibuja una línea para representar la musculatura del abdomen.

② ¡Thud!

La mirada está fija en el oponente.

Fíjate en la dirección del codo. Es mejor que esté orientado hacia fuera que hacia abajo.

Inclina el cuerpo en la dirección del puñetazo.

¡ATENCIÓN!
Para realzar la sensación de fuerza del pie de atrás, dibuja el tobillo con una inclinación de 90º.

Mantén los pies bien separados para realzar la sensación de fuerza (separación mayor que entre los hombros).

La muñeca está ladeada hacia el pecho. El brazo cubre el costado de la figura.

Dibuja la cabeza cerca del brazo que da el puñetazo para resaltar la sensación de fuerza.

Este codo se va hacia atrás cuando el cuerpo gira.

No lo olvides

El codo del otro brazo debe estar dirigido hacia el cuerpo.

El pecho está orientado en la dirección opuesta (derecha) a la de la mano que da el puñetazo (izquierda).

El abdomen está orientado hacia delante.

El dorso de la mano debe formar una línea recta con la muñeca. Si se inclina la muñeca, se pierde sensación de fuerza.

La parte trasera de la zona torácica tiene que estar visible.

Este bloque debe estar girado.

Si dibujas la cabeza por delante de la rodilla, aumentarás la sensación de fuerza.

La parte frontal de la zona pélvica tiene que ser visible, ya que se orienta en la dirección contraria de la zona torácica.

Inclina ligeramente esta rodilla.

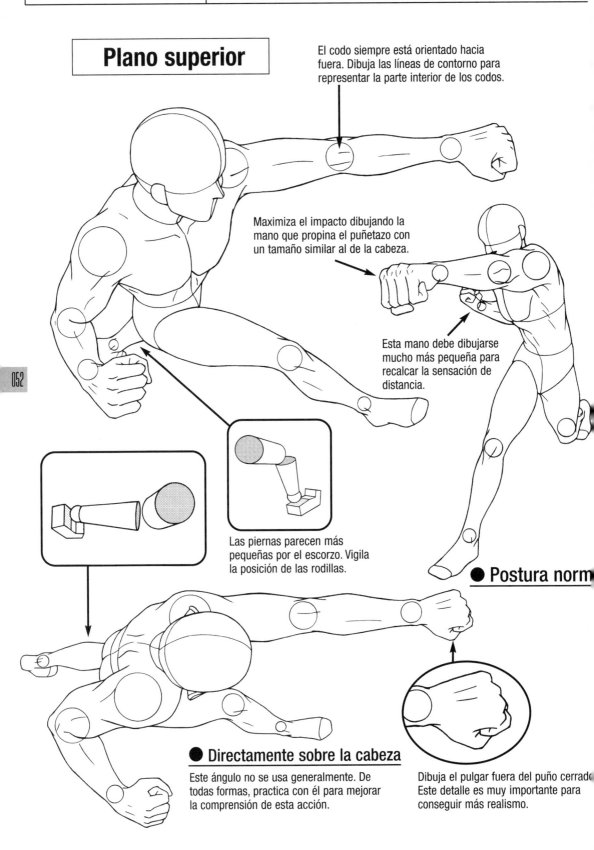

Plano superior

El codo siempre está orientado hacia fuera. Dibuja las líneas de contorno para representar la parte interior de los codos.

Maximiza el impacto dibujando la mano que propina el puñetazo con un tamaño similar al de la cabeza.

Esta mano debe dibujarse mucho más pequeña para recalcar la sensación de distancia.

Las piernas parecen más pequeñas por el escorzo. Vigila la posición de las rodillas.

● Postura norm

● Directamente sobre la cabeza

Este ángulo no se usa generalmente. De todas formas, practica con él para mejorar la comprensión de esta acción.

Dibuja el pulgar fuera del puño cerrado. Este detalle es muy importante para conseguir más realismo.

052

Plano inferior

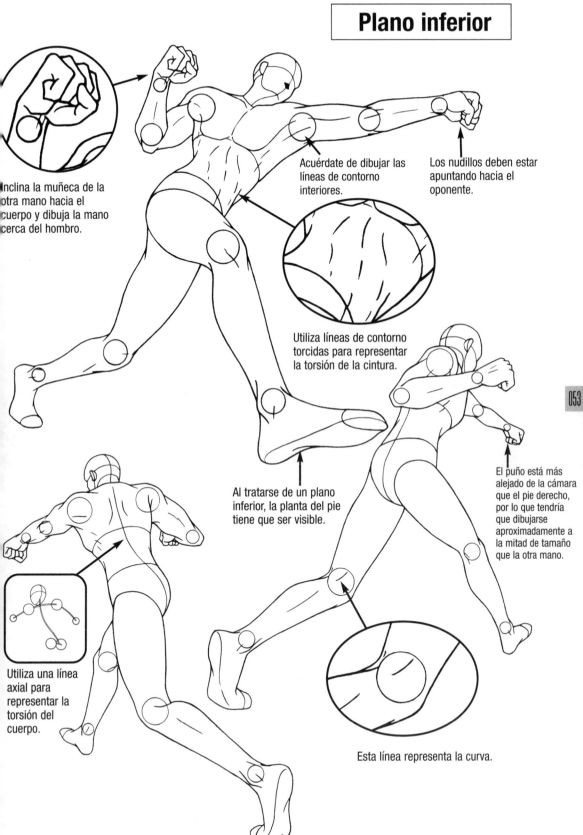

Inclina la muñeca de la otra mano hacia el cuerpo y dibuja la mano cerca del hombro.

Acuérdate de dibujar las líneas de contorno interiores.

Los nudillos deben estar apuntando hacia el oponente.

Utiliza líneas de contorno torcidas para representar la torsión de la cintura.

Al tratarse de un plano inferior, la planta del pie tiene que ser visible.

El puño está más alejado de la cámara que el pie derecho, por lo que tendría que dibujarse aproximadamente a la mitad de tamaño que la otra mano.

Utiliza una línea axial para representar la torsión del cuerpo.

Esta línea representa la curva.

Jab | Forma básica

Es un tipo de puñetazo habitual que se utiliza para tener a raya a un contrincante y aparece en casi todos los juegos de lucha.

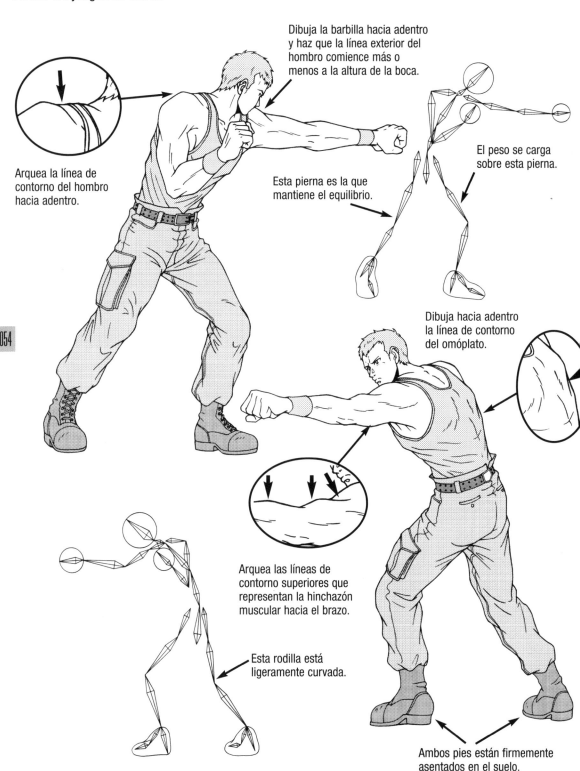

Dibuja la barbilla hacia adentro y haz que la línea exterior del hombro comience más o menos a la altura de la boca.

Arquea la línea de contorno del hombro hacia adentro.

El peso se carga sobre esta pierna.

Esta pierna es la que mantiene el equilibrio.

Dibuja hacia adentro la línea de contorno del omóplato.

Arquea las líneas de contorno superiores que representan la hinchazón muscular hacia el brazo.

Esta rodilla está ligeramente curvada.

Ambos pies están firmemente asentados en el suelo.

054

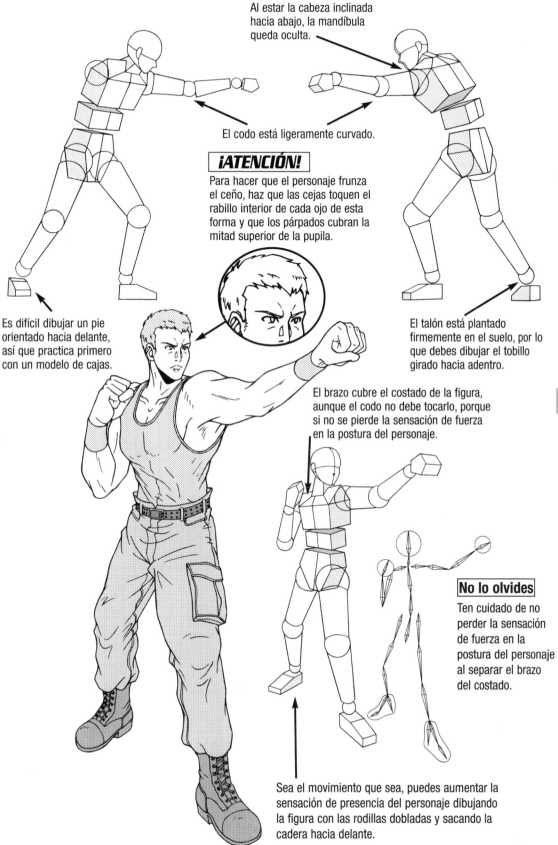

Al estar la cabeza inclinada hacia abajo, la mandíbula queda oculta.

El codo está ligeramente curvado.

¡ATENCIÓN!

Para hacer que el personaje frunza el ceño, haz que las cejas toquen el rabillo interior de cada ojo de esta forma y que los párpados cubran la mitad superior de la pupila.

Es difícil dibujar un pie orientado hacia delante, así que practica primero con un modelo de cajas.

El talón está plantado firmemente en el suelo, por lo que debes dibujar el tobillo girado hacia adentro.

El brazo cubre el costado de la figura, aunque el codo no debe tocarlo, porque si no se pierde la sensación de fuerza en la postura del personaje.

055

No lo olvides

Ten cuidado de no perder la sensación de fuerza en la postura del personaje al separar el brazo del costado.

Sea el movimiento que sea, puedes aumentar la sensación de presencia del personaje dibujando la figura con las rodillas dobladas y sacando la cadera hacia delante.

La espalda se abulta desde el omóplato.

Este personaje masculino tiene contornos musculosos para resaltar la sensación de fuerza.

Haz que las líneas de contorno corten hacia dentro.

Esta línea forma una pequeña depresión aquí.

Esta línea de contorno interior es indispensable. Cuando el personaje esté vestido, transfórmala en pliegues de la ropa.

La línea se ondula para representar la musculatura de la pierna.

056

Debes concebir el brazo como un cilindro que se aleja de la cámara.

El muslo se estrecha conforme se acerca a la rodilla.

Procura que las líneas que definen el tendón de Aquiles se vean claramente.

¡ATENCIÓN!

Dibuja el principio y el fin del astrágalo. Regula el grosor de la línea.

Plano superior e inferior

Dibuja la línea de contorno del hombro hacia dentro.

Dibuja el codo detrás de la línea de contorno muscular.

Acuérdate de incluir una línea entre el pecho y el brazo que represente la axila.

Resalta el tamaño de los músculos con un contorno curvado. El antebrazo queda oculto.

La barbilla queda oculta.

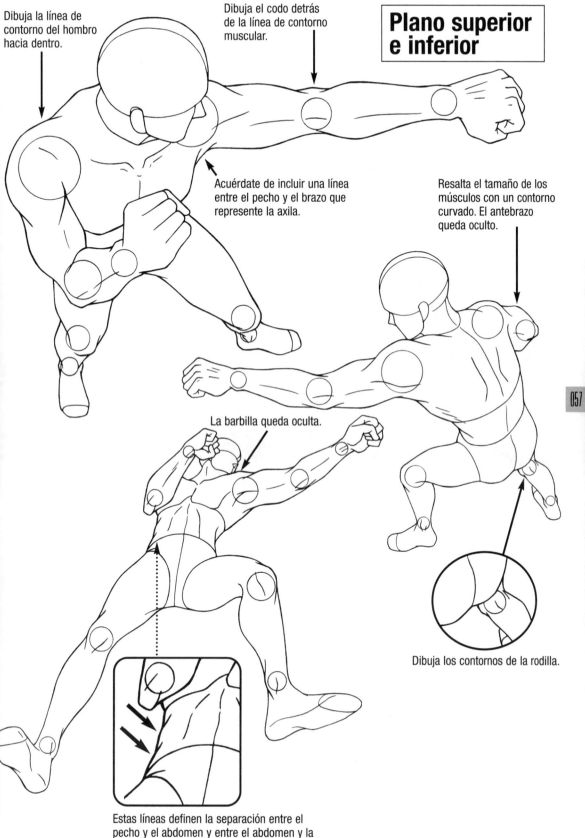

Dibuja los contornos de la rodilla.

Estas líneas definen la separación entre el pecho y el abdomen y entre el abdomen y la pelvis. Cuando el personaje esté vestido, transfórmalas en pliegues de la ropa.

Hook | Forma básica

Este ataque no se realiza con el brazo estirado, sino con la parte lateral del brazo mientras éste está arqueado con respecto al cuerpo. Este tipo de ataque se utiliza en combinación con otros movimientos, así que considera lo que vas a ver en estas páginas como una variación.

Aquí puedes ver la protuberancia del cúbito en la muñeca. Es un detalle importante para marcar que el dorso de la mano se acerca directamente a la cámara. Este ángulo es muy difícil.

Utiliza un modelo de caja para determinar los contornos que deberían seguir los pliegues de la ropa.

Esta línea debe cortar con el hombro.

El cinturón está curvado hacia arriba porque se trata de una visión inferior.

Dispersa los dedos y haz que estén curvados con un ángulo de unos 90º para aumentar la sensación de potencia.

Con esta línea representas que el talón está levantado y que el pie está inclinado hacia delante.

No lo olvides

Dibuja con gran volumen los brazos y los muslos. Puede que parezca un poco exagerado, pero proporciona dinamismo a la imagen.

El codo está a la altura del hombro.

La columna vertebral está curvada, pero la cabeza está orientada hacia arriba.

Los hombros y la cintura están orientadas en direcciones diferentes.

El tobillo no se puede inclinar más y obliga al talón a levantarse.

La rodilla se inclina mucho hacia el suelo.

059

La columna vertebral está curvada en forma de "S".

No lo olvides

El codo derecho y la rodilla izquierda forman una pareja. El codo izquierdo y la rodilla derecha forman otra. Los codos y las rodillas de cada pareja se mueven en direcciones opuestas.

Imagina la planta del pie como un rectángulo que forma un ángulo oblicuo con el suelo.

Plano superior

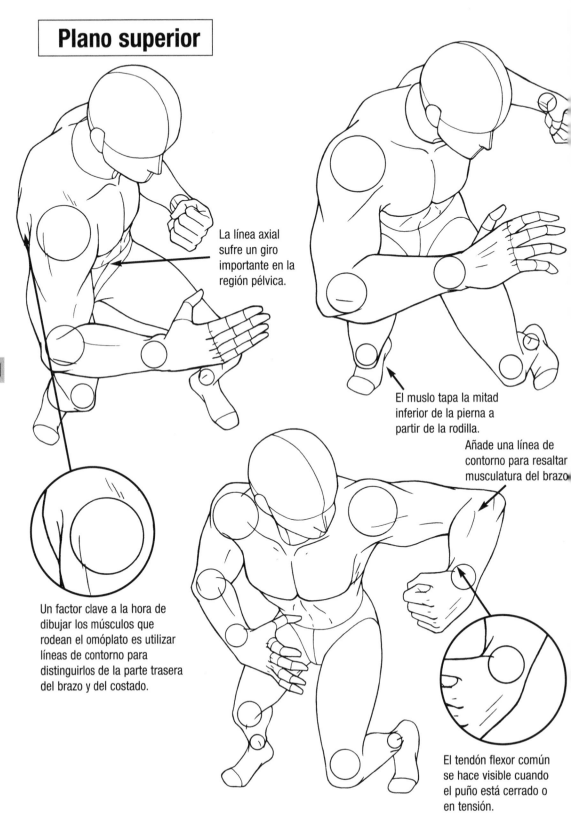

La línea axial sufre un giro importante en la región pélvica.

El muslo tapa la mitad inferior de la pierna a partir de la rodilla.

Añade una línea de contorno para resaltar musculatura del brazo

Un factor clave a la hora de dibujar los músculos que rodean el omóplato es utilizar líneas de contorno para distinguirlos de la parte trasera del brazo y del costado.

El tendón flexor común se hace visible cuando el puño está cerrado o en tensión.

Plano inferior

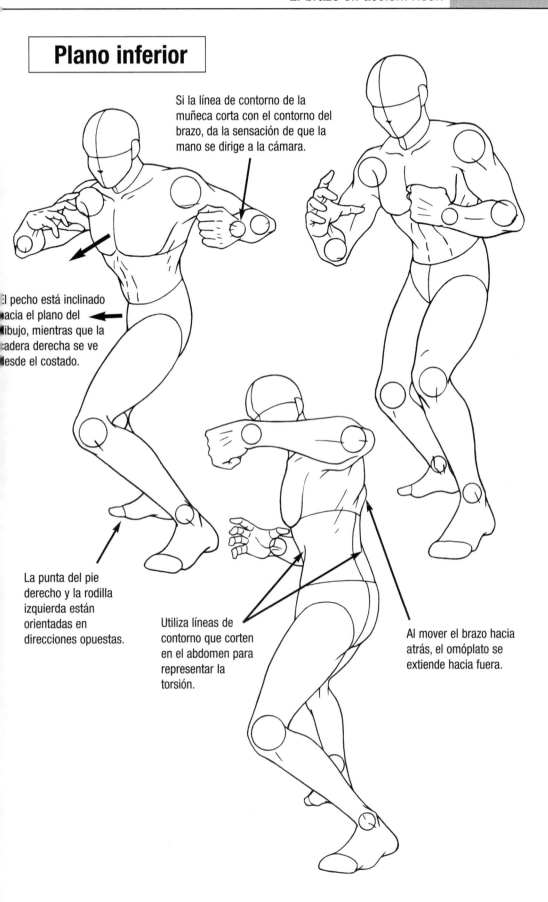

Si la línea de contorno de la muñeca corta con el contorno del brazo, da la sensación de que la mano se dirige a la cámara.

El pecho está inclinado hacia el plano del dibujo, mientras que la cadera derecha se ve desde el costado.

La punta del pie derecho y la rodilla izquierda están orientadas en direcciones opuestas.

Utiliza líneas de contorno que corten en el abdomen para representar la torsión.

Al mover el brazo hacia atrás, el omóplato se extiende hacia fuera.

Golpe con la punta de los dedos | Forma básica

Para golpear al oponente se utiliza la mano abierta en vez de dar un puñetazo. En el manga y los videojuegos, este tipo de golpe es el preferido por personajes malvados como criminales o matones y es menos apropiado para un héroe.

Incluye el contorno superior de la espalda detrás de la musculatura de los hombros.

Para conseguir el efecto adecuado, el cinturón debe caer hacia el lado contrario de la mano que propina el golpe.

Ladea la cabeza en la dirección de la mano que propina el golpe.

Las falangetas de los dedos deben estar encaradas hacia abajo.

El pulgar debe formar un ángulo de 90º sobre la palma de la mano. El resto de dedos deben estar completamente estirados.

Primer plano de la palma.

Utiliza complementos para obtener un resultado llamativo.

Utiliza el escorzo y dibuja este pie más pequeño.

La superficie superior del hombro se puede ver al estar inclinada la figura hacia delante.

La otra mano está cerrada y alejada del costado, a la altura de la oreja.

La caja torácica se gira en la dirección del golpe.

La cadera sigue recta y se desplaza hacia abajo.

Esta pierna actúa de soporte y debe dibujarse extendida.

No lo olvides

El peso se concentra en el pie izquierdo. La rodilla de la pierna que da el paso adelante debe estar muy curvada.

Las dos rodillas tienen que estar encorvadas para no caer de bruces.

063

La superficie del costado está expuesta siguiendo la línea de la torsión.

Golpe con la punta de los dedos | Perspectiva con escorzo

Plano superior

Los músculos pectorales sobresalen hasta el punto de formar parte de la línea de silueta.

La línea axial se gira en el eje del cuello.

No lo olvides

Al cerrar el puño, la arruga creada entre la falange y la falangina del dedo índice toma forma de Y.

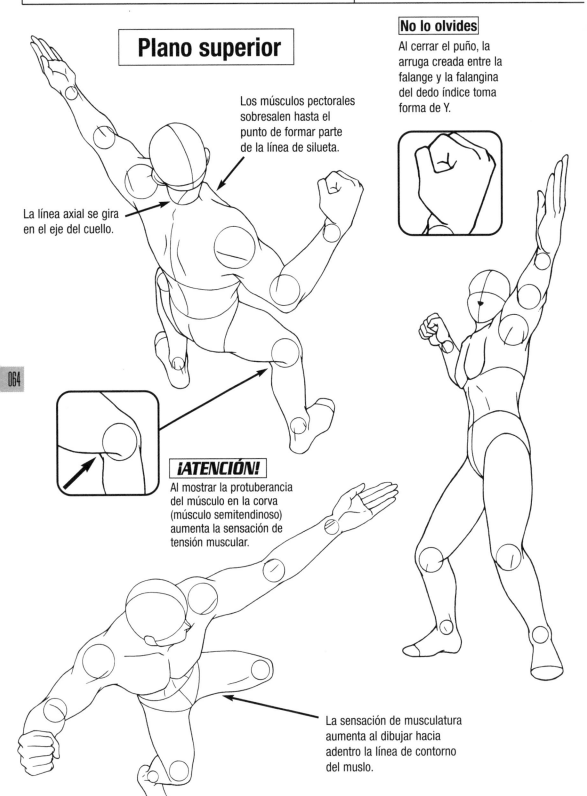

¡ATENCIÓN!

Al mostrar la protuberancia del músculo en la corva (músculo semitendinoso) aumenta la sensación de tensión muscular.

La sensación de musculatura aumenta al dibujar hacia adentro la línea de contorno del muslo.

064

Vista trasera

El cuello está completamente oculto.

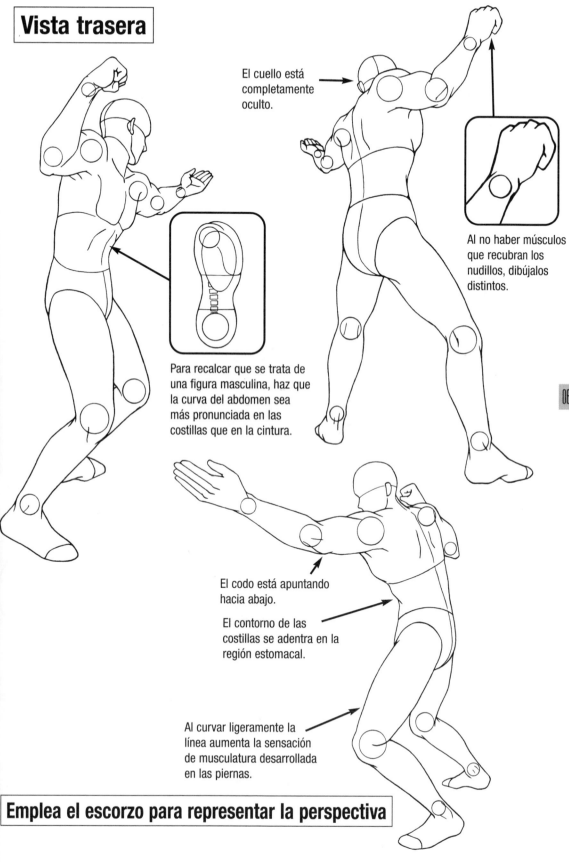

Al no haber músculos que recubran los nudillos, dibújalos distintos.

Para recalcar que se trata de una figura masculina, haz que la curva del abdomen sea más pronunciada en las costillas que en la cintura.

El codo está apuntando hacia abajo.

El contorno de las costillas se adentra en la región estomacal.

Al curvar ligeramente la línea aumenta la sensación de musculatura desarrollada en las piernas.

Emplea el escorzo para representar la perspectiva

Golpe con base de la palma | Forma básica

En este movimiento se utiliza la base de la palma de la mano en vez del puño para atacar al contrincante. Este movimiento es específico del *koppo* (significa "método del hueso" y consiste en una serie de golpes diseñados para romper un hueso) y por lo tanto la figura debe orientarse conforme a esto.

Los dedos deben estar claramente extendidos y rectos para dar sensación de potencia. ⟶

Incluye una línea que represente el hueso de la muñeca. En esta figura se ha atenuado porque es un personaje femenino.

Haz que la línea de contorno corte hacia dentro.

Recuerda incluir la protuberancia del tobillo.

Los pliegues deben seguir la circunferencia de la pierna.

Inclina ligeramente el hombro izquierdo.

Esta curva muestra la protuberancia d[e] la parte externa de la base de la palma.

Los músculos de la pantorrilla se abultan por el peso del cuerpo y porque la rodilla está doblada.

El codo está ladeado hacia la espalda.

Estos dos bloques están inclinados hacia delante.

Aprox. 45°

La mitad inferior de la pierna es casi completamente perpendicular al suelo, mientras que el muslo forma un ángulo de 45° con el suelo.

El corte transversal del codo está ladeado hacia detrás.

Fíjate en qué dirección toma el pie delantero respecto al brazo que golpea.

Inclina la barbilla hacia delante.

El dedo índice está oculto.

La curva del contorno interno de la pantorrilla es más pronunciada que la del externo.

Un ángulo hacia adentro incrementa la sensación de que la pierna está asentada firmemente en el suelo.

067

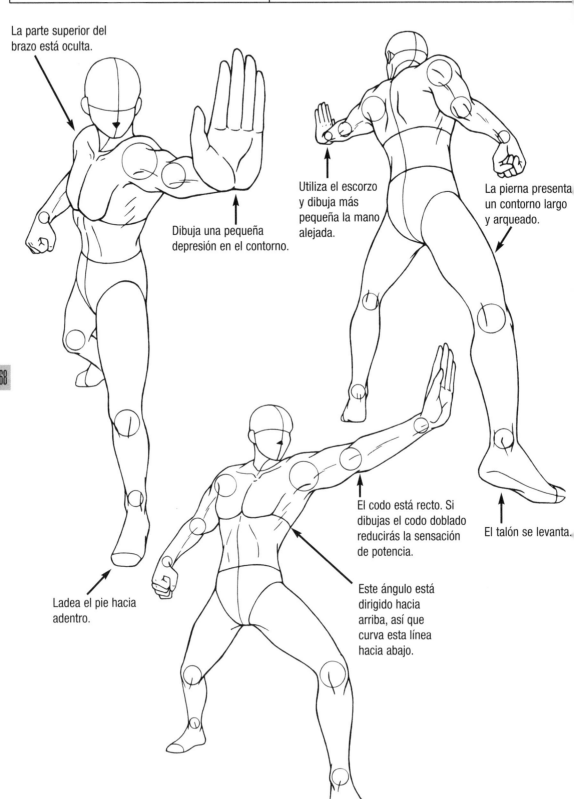

La parte superior del brazo está oculta.

Dibuja una pequeña depresión en el contorno.

Utiliza el escorzo y dibuja más pequeña la mano alejada.

La pierna presenta un contorno largo y arqueado.

El codo está recto. Si dibujas el codo doblado reducirás la sensación de potencia.

El talón se levanta.

Este ángulo está dirigido hacia arriba, así que curva esta línea hacia abajo.

Ladea el pie hacia adentro.

Plano superior e inferior

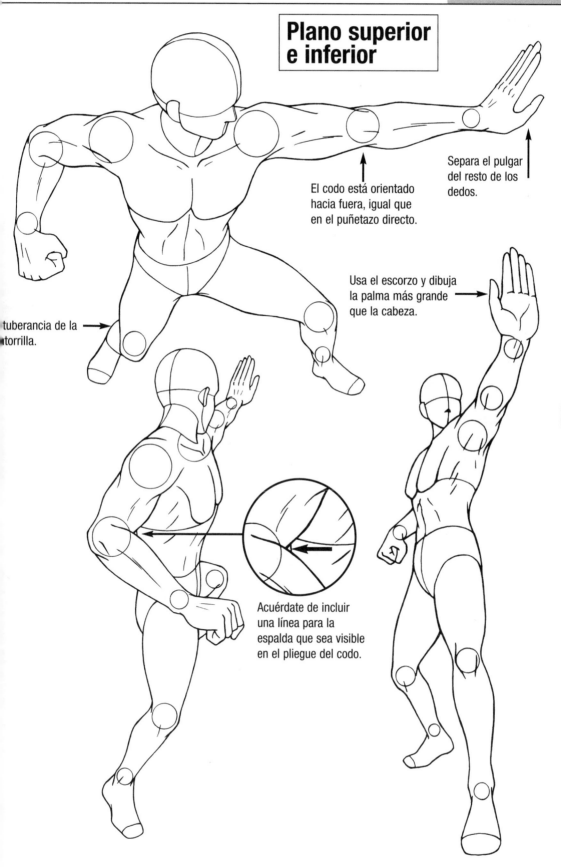

El codo está orientado hacia fuera, igual que en el puñetazo directo.

Separa el pulgar del resto de los dedos.

Usa el escorzo y dibuja la palma más grande que la cabeza.

tuberancia de la
torrilla.

Acuérdate de incluir una línea para la espalda que sea visible en el pliegue del codo.

069

Dorso del puño | Forma básica

En este movimiento, el brazo gira sobre todo el cuerpo y se balancea. El golpe se da con la parte trasera del puño. Con este golpe el personaje da más impresión de conocer las artes marciales y de estar experimentado en la lucha que con el puñetazo normal.

1

La mirada está fija en el oponente.

Al levantar el brazo aparecen pliegues descendentes en la ropa.

El cuerpo gira sobre este pie, así que dibújalo orientado hacia fuera.

Si has tapado la cara con el brazo, utiliza las cejas para indicar la dirección de la cabeza.

2

El brazo se leva para aumentar fuerza del golpe bajar el brazo.

El cuerpo gira 90º. Los pliegues de la camiseta están orientados en la dirección opuesta a los de la postura 1.

Si dibujas los pies demasiado asentados en el suelo puede perder la sensación de giro. Procura mantener el talón levantado.

El pie gira a la vez que el cuerpo, por tanto, dibújalo de lado.

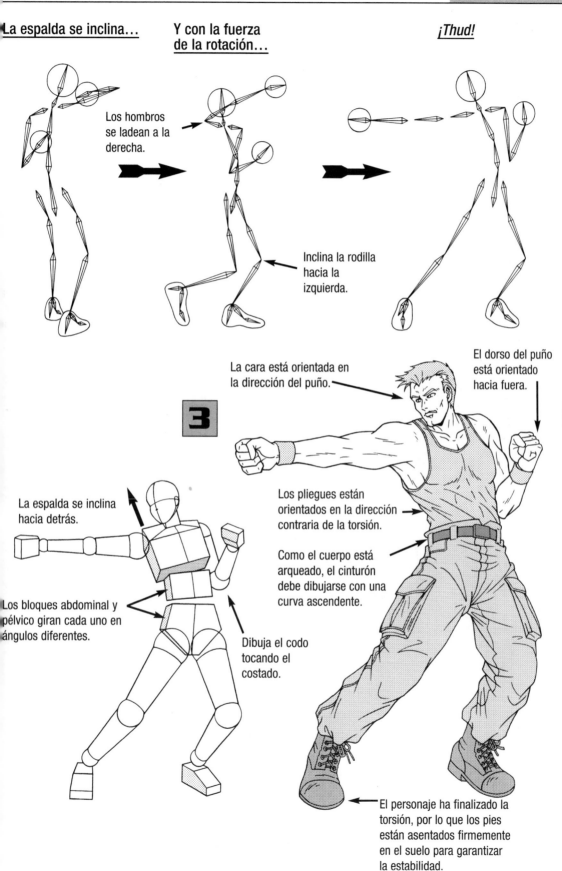

La espalda se inclina…

Y con la fuerza de la rotación…

¡Thud!

Los hombros se ladean a la derecha.

Inclina la rodilla hacia la izquierda.

La cara está orientada en la dirección del puño.

El dorso del puño está orientado hacia fuera.

3

La espalda se inclina hacia detrás.

Los bloques abdominal y pélvico giran cada uno en ángulos diferentes.

Dibuja el codo tocando el costado.

Los pliegues están orientados en la dirección contraria de la torsión.

Como el cuerpo está arqueado, el cinturón debe dibujarse con una curva ascendente.

El personaje ha finalizado la torsión, por lo que los pies están asentados firmemente en el suelo para garantizar la estabilidad.

071

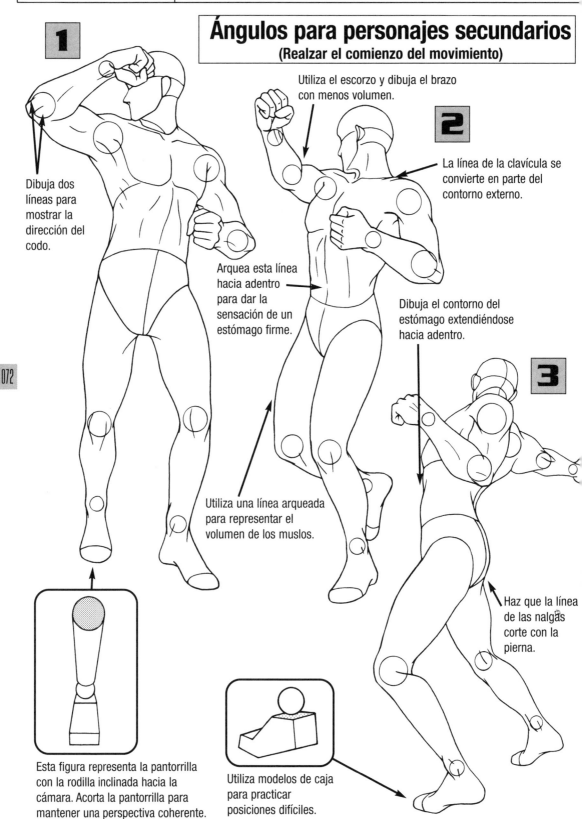

1

Ángulos para personajes secundarios
(Realzar el comienzo del movimiento)

Utiliza el escorzo y dibuja el brazo con menos volumen.

2

Dibuja dos líneas para mostrar la dirección del codo.

La línea de la clavícula se convierte en parte del contorno externo.

Arquea esta línea hacia adentro para dar la sensación de un estómago firme.

Dibuja el contorno del estómago extendiéndose hacia adentro.

3

Utiliza una línea arqueada para representar el volumen de los muslos.

Haz que la línea de las nalgas corte con la pierna.

Esta figura representa la pantorrilla con la rodilla inclinada hacia la cámara. Acorta la pantorrilla para mantener una perspectiva coherente.

Utiliza modelos de caja para practicar posiciones difíciles.

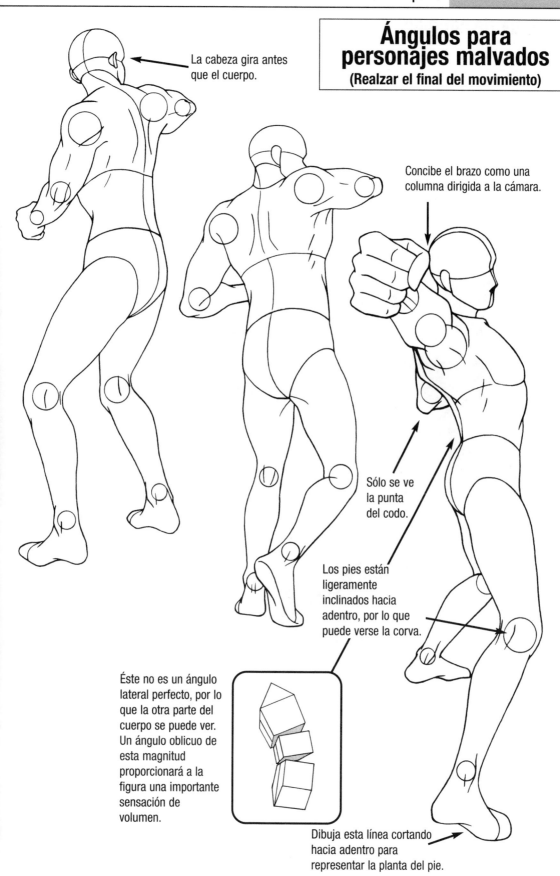

La cabeza gira antes que el cuerpo.

Ángulos para personajes malvados
(Realzar el final del movimiento)

Concibe el brazo como una columna dirigida a la cámara.

Sólo se ve la punta del codo.

Los pies están ligeramente inclinados hacia adentro, por lo que puede verse la corva.

Éste no es un ángulo lateral perfecto, por lo que la otra parte del cuerpo se puede ver. Un ángulo oblicuo de esta magnitud proporcionará a la figura una importante sensación de volumen.

Dibuja esta línea cortando hacia adentro para representar la planta del pie.

073

Ataque de cuchillo | Forma básica

En este movimiento el golpe se da con el dorso de la mano abierta. En manga también se utiliza, como indica su nombre, cuando el personaje da un golpe cortante a su adversario.

Postura preparatoria

La línea de contorno del brazo debe cortar hacia adentro.

¡ATENCIÓN!

Dibuja los dedos firmes pero sin doblarlos hacia detrás.

Dejando un hueco en la cintura se realza la firmeza del estómago.

Los pliegues descendentes siguen el contorno de la pierna de atrás.

Si ocultas la boca, los ojos son el único punto de expresión facial, así que dales carácter.

Mantén el pulgar separado de los otros dedos.

Los pliegues ascendentes siguen el contorno de la pierna de delante.

Los pliegues siguen el contorno de la pantorrilla.

La línea axial debe estar arqueada.

Esta pierna actúa de soporte, por tanto, dibuja el talón levantado.

El peso se concentra en este pie.

074

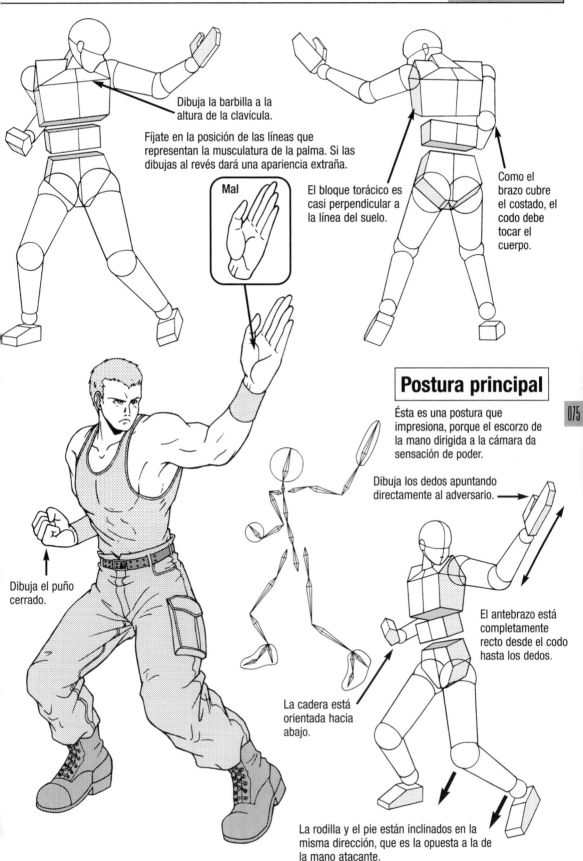

Dibuja la barbilla a la altura de la clavícula.

Fíjate en la posición de las líneas que representan la musculatura de la palma. Si las dibujas al revés dará una apariencia extraña.

Mal

El bloque torácico es casi perpendicular a la línea del suelo.

Como el brazo cubre el costado, el codo debe tocar el cuerpo.

Dibuja el puño cerrado.

Postura principal

Ésta es una postura que impresiona, porque el escorzo de la mano dirigida a la cámara da sensación de poder.

Dibuja los dedos apuntando directamente al adversario. ➤

El antebrazo está completamente recto desde el codo hasta los dedos.

La cadera está orientada hacia abajo.

La rodilla y el pie están inclinados en la misma dirección, que es la opuesta a la de la mano atacante.

075

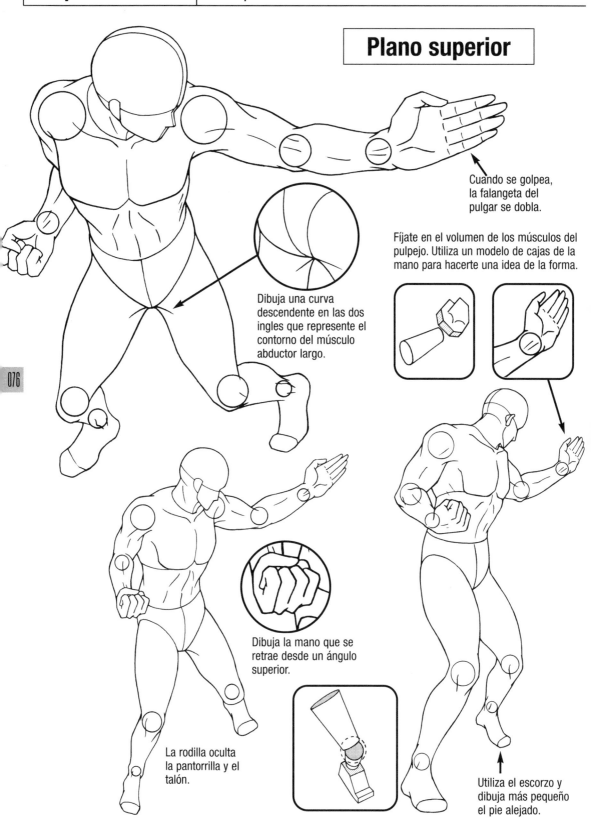

Plano superior

Cuando se golpea, la falangeta del pulgar se dobla.

Dibuja una curva descendente en las dos ingles que represente el contorno del músculo abductor largo.

Fíjate en el volumen de los músculos del pulpejo. Utiliza un modelo de cajas de la mano para hacerte una idea de la forma.

Dibuja la mano que se retrae desde un ángulo superior.

La rodilla oculta la pantorrilla y el talón.

Utiliza el escorzo y dibuja más pequeño el pie alejado.

Plano inferior

Si dibujas esta mano más grande que la cabeza dotarás a la figura de una apariencia sensacional.

Acuérdate de incluir una línea que represente la separación entre el hombro y la espalda.

Reduce el tamaño del antebrazo y la mano.

Primer plano del puño en retracción.

Ten siempre en cuenta qué pasa con las partes invisibles.

No lo olvides

Cuando se dibuja tomando como punto de vista los pies, el contorno de la clavícula se funde con el contorno del hombro.

Los contornos de los muslos cortan con las nalgas.

No prolongues más el contorno de la rodilla.

Lazo | Forma básica

En este movimiento el puño está cerrado y el brazo se balancea como si portase un hacha y el golpe se diese en el cuello del contrincante. Éste es un movimiento común en lucha libre y es típico de personajes grandes y fornidos.

1

El codo rota.

Si caracterizas al personaje como cabeza rapada parecerá más duro.

El golpe se da utilizando la fuerza de retorno del cuerpo, así que los hombros se estiran hasta aquí.

Representa los huesos del puño con estas líneas de contorno.

Al dibujar la línea separada de la muñeca resaltan los tendones de é y aumenta la sensación de fuerza.

Las costuras externas del uniforme se pueden utilizar para señalar la dirección en la que está orientada la pierna del personaje.

Todo el peso está concentrado en el pie alejado. Si levantas el pie del suelo aumentará la sensación de fuerza.

2

¡ATENCIÓN!

En este momento, el personaje carga el peso en esta pierna, por lo que la rodilla debe estar doblada.

El peso del cuerpo cambia a esta pierna cuando toca el suelo. Como este pie actuará de pivote, dibújalo firmemente plantado en el suelo.

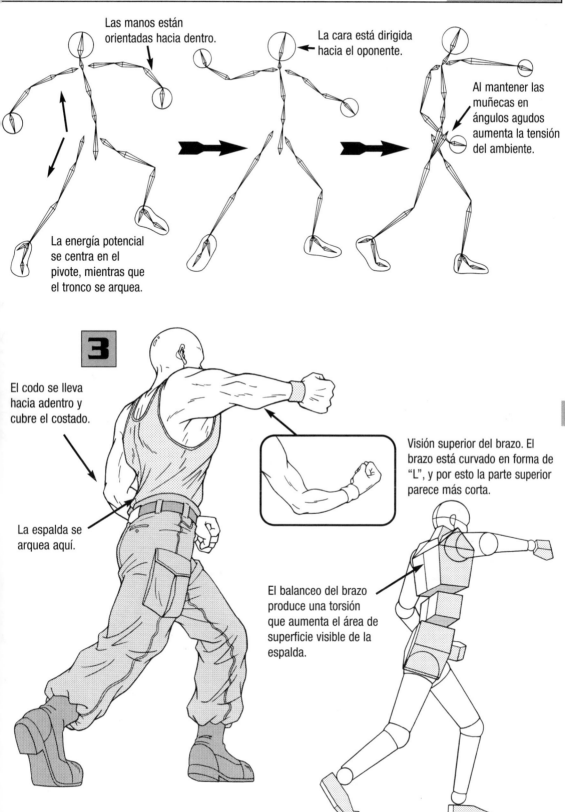

Las manos están orientadas hacia dentro.

La cara está dirigida hacia el oponente.

Al mantener las muñecas en ángulos agudos aumenta la tensión del ambiente.

La energía potencial se centra en el pivote, mientras que el tronco se arquea.

3

El codo se lleva hacia adentro y cubre el costado.

La espalda se arquea aquí.

Visión superior del brazo. El brazo está curvado en forma de "L", y por esto la parte superior parece más corta.

El balanceo del brazo produce una torsión que aumenta el área de superficie visible de la espalda.

079

| **Lazo** | Perspectiva con escorzo |

Plano superior

El codo y el antebrazo están ocultos a la vista, pero así es cómo aparecerían.

El muslo no se ve desde este ángulo.

Una parte del pelo empezaría por aquí.

El contorno del cuello debe aproximarse al hombro más alejado.

Los contornos de los músculos pectorales se mezclan con la línea de la silueta.

Recuerda que debes incluir la protuberancia del omóplato.

Al estar en ángulo descendente, el tronco se estrecha conforme las líneas descienden hacia el estómago.

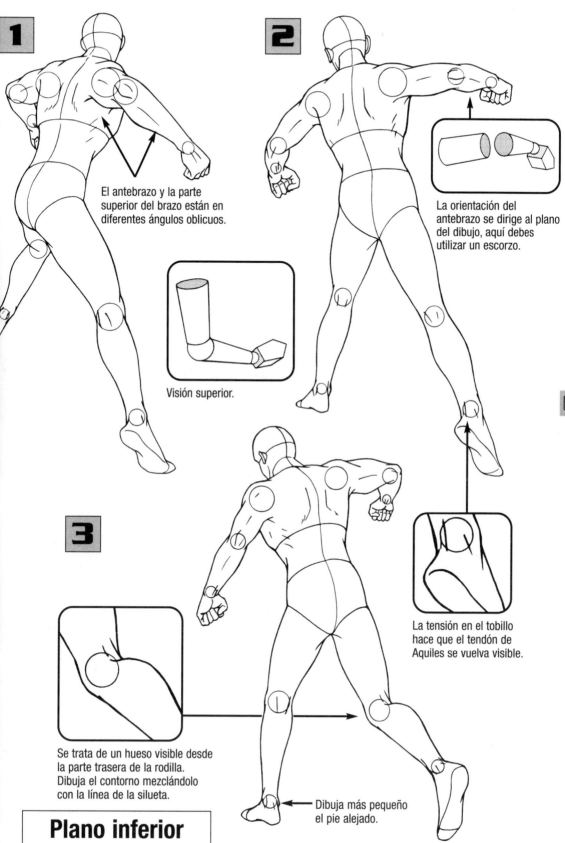

1

El antebrazo y la parte superior del brazo están en diferentes ángulos oblicuos.

Visión superior.

2

La orientación del antebrazo se dirige al plano del dibujo, aquí debes utilizar un escorzo.

La tensión en el tobillo hace que el tendón de Aquiles se vuelva visible.

3

Se trata de un hueso visible desde la parte trasera de la rodilla. Dibuja el contorno mezclándolo con la línea de la silueta.

Dibuja más pequeño el pie alejado.

Plano inferior

Ataque con el codo | Forma básica

En este movimiento, un codo se alza y el cuerpo gira mientras que el golpe se efectúa con el otro codo. El alcance es más corto que el de un puñetazo, pero es un poderoso método de ataque ideal para componer una página dinámica.

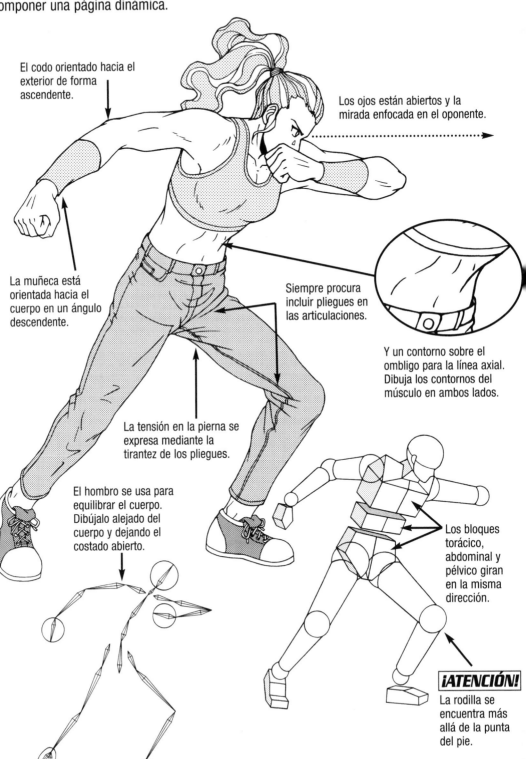

El codo orientado hacia el exterior de forma ascendente.

Los ojos están abiertos y la mirada enfocada en el oponente.

La muñeca está orientada hacia el cuerpo en un ángulo descendente.

Siempre procura incluir pliegues en las articulaciones.

Y un contorno sobre el ombligo para la línea axial. Dibuja los contornos del músculo en ambos lados.

La tensión en la pierna se expresa mediante la tirantez de los pliegues.

El hombro se usa para equilibrar el cuerpo. Dibújalo alejado del cuerpo y dejando el costado abierto.

Los bloques torácico, abdominal y pélvico giran en la misma dirección.

¡ATENCIÓN!
La rodilla se encuentra más allá de la punta del pie.

082

Dibuja el contorno del pecho detrás del contorno del estómago.

Fíjate en la diferencia de cómo el pie aparece aquí, con el talón en un ángulo elevado, y de cómo aparece cuando está recto.

El empuje de la rodilla hace que el dobladillo se levante y muestre el tobillo.

¡ATENCIÓN!

La rodilla se flexiona para amortiguar el peso de la parte superior del cuerpo.

El pecho oculta esta parte del abdomen, haciendo que aparezca más pequeño.

Las puntas de ambas zapatillas apuntan hacia el exterior, proporcionando un equilibrio.

083

Ataque con el codo | Perspectiva con escorzo

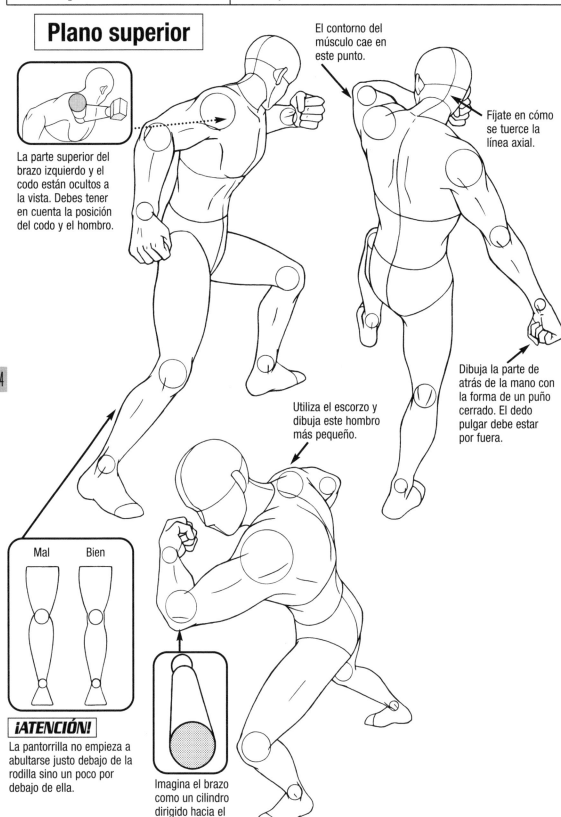

Plano superior

La parte superior del brazo izquierdo y el codo están ocultos a la vista. Debes tener en cuenta la posición del codo y el hombro.

El contorno del músculo cae en este punto.

Fíjate en cómo se tuerce la línea axial.

Dibuja la parte de atrás de la mano con la forma de un puño cerrado. El dedo pulgar debe estar por fuera.

Utiliza el escorzo y dibuja este hombro más pequeño.

Mal   Bien

¡ATENCIÓN!

La pantorrilla no empieza a abultarse justo debajo de la rodilla sino un poco por debajo de ella.

Imagina el brazo como un cilindro dirigido hacia el plano del dibujo.

084

Plano inferior

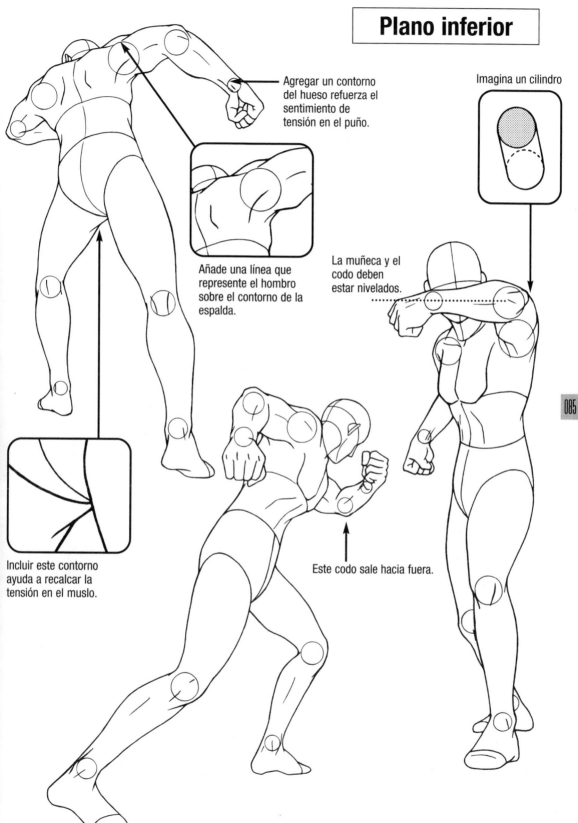

Agregar un contorno del hueso refuerza el sentimiento de tensión en el puño.

Imagina un cilindro

Añade una línea que represente el hombro sobre el contorno de la espalda.

La muñeca y el codo deben estar nivelados.

Incluir este contorno ayuda a recalcar la tensión en el muslo.

Este codo sale hacia fuera.

Knuckle Hammer | Forma básica

Aquí tenemos un movimiento dinámico que se efectúa al juntar los puños por encima de la cabeza y moviéndolos hacia abajo, aplastando al oponente. Se utiliza mucho en escenas donde el rival está dominado. Este movimiento es ideal para los personajes con una gran constitución física.

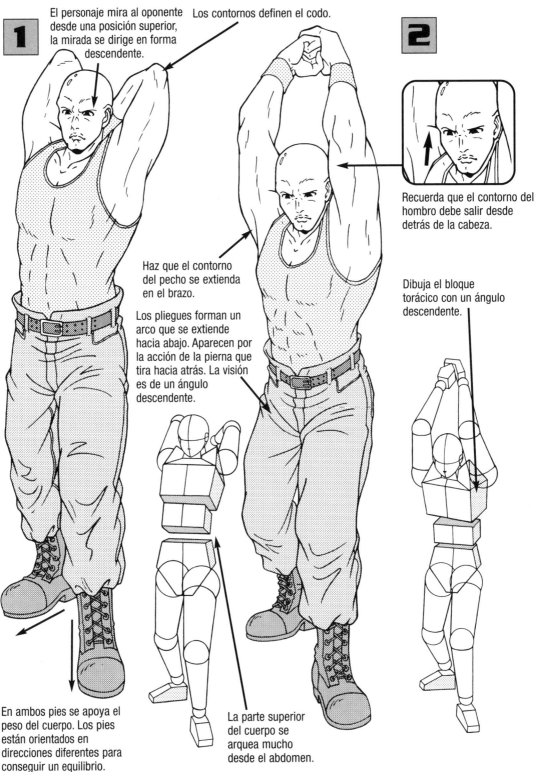

1

El personaje mira al oponente desde una posición superior, la mirada se dirige en forma descendente.

Los contornos definen el codo.

2

Recuerda que el contorno del hombro debe salir desde detrás de la cabeza.

Haz que el contorno del pecho se extienda en el brazo.

Los pliegues forman un arco que se extiende hacia abajo. Aparecen por la acción de la pierna que tira hacia atrás. La visión es de un ángulo descendente.

Dibuja el bloque torácico con un ángulo descendente.

En ambos pies se apoya el peso del cuerpo. Los pies están orientados en direcciones diferentes para conseguir un equilibrio.

La parte superior del cuerpo se arquea mucho desde el abdomen.

La espalda se arquea hacia atrás, pero la cabeza permanece en una posición fija, mirando hacia adelante.

Incluir esta posición, que sólo se ve por un breve instante durante la ejecución, marca todo el movimiento.

Las rodillas se doblan lo suficiente para apoyar el peso del cuerpo.

Se ve la parte superior del hombro.

Este pie proporciona el equilibrio.

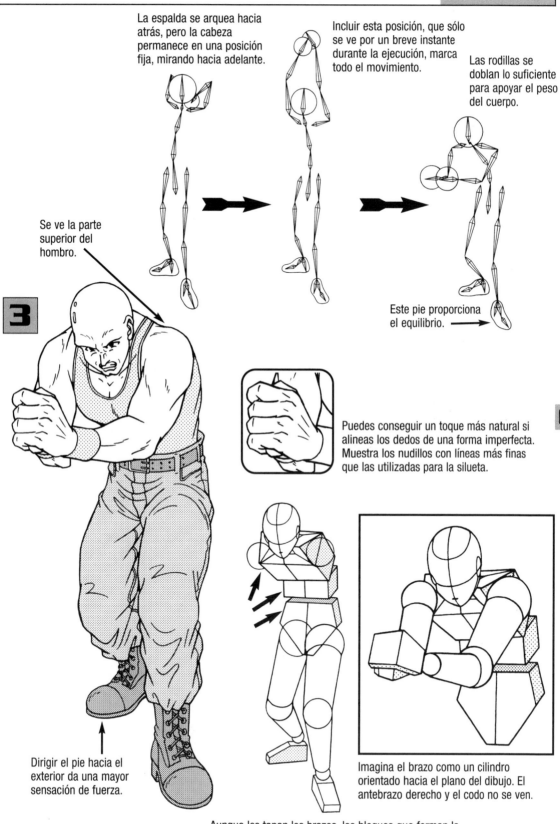

3

Puedes conseguir un toque más natural si alineas los dedos de una forma imperfecta. Muestra los nudillos con líneas más finas que las utilizadas para la silueta.

Dirigir el pie hacia el exterior da una mayor sensación de fuerza.

Imagina el brazo como un cilindro orientado hacia el plano del dibujo. El antebrazo derecho y el codo no se ven.

Aunque los tapan los brazos, los bloques que forman la parte superior del cuerpo tienen cada vez más los ángulos orientados hacia abajo, mientras la línea de visión se dirige al cuerpo.

Desde un ángulo oblicuo

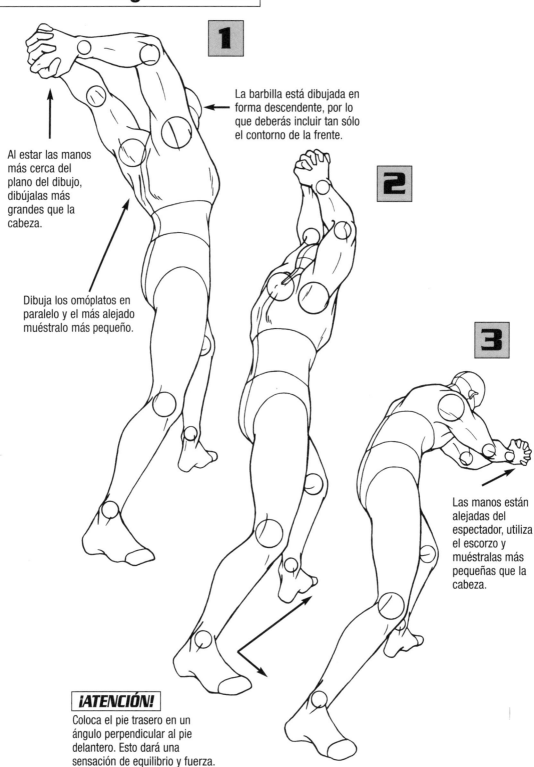

La barbilla está dibujada en forma descendente, por lo que deberás incluir tan sólo el contorno de la frente.

Al estar las manos más cerca del plano del dibujo, dibújalas más grandes que la cabeza.

Dibuja los omóplatos en paralelo y el más alejado muéstralo más pequeño.

Las manos están alejadas del espectador, utiliza el escorzo y muéstralas más pequeñas que la cabeza.

¡ATENCIÓN!

Coloca el pie trasero en un ángulo perpendicular al pie delantero. Esto dará una sensación de equilibrio y fuerza.

Vista lateral

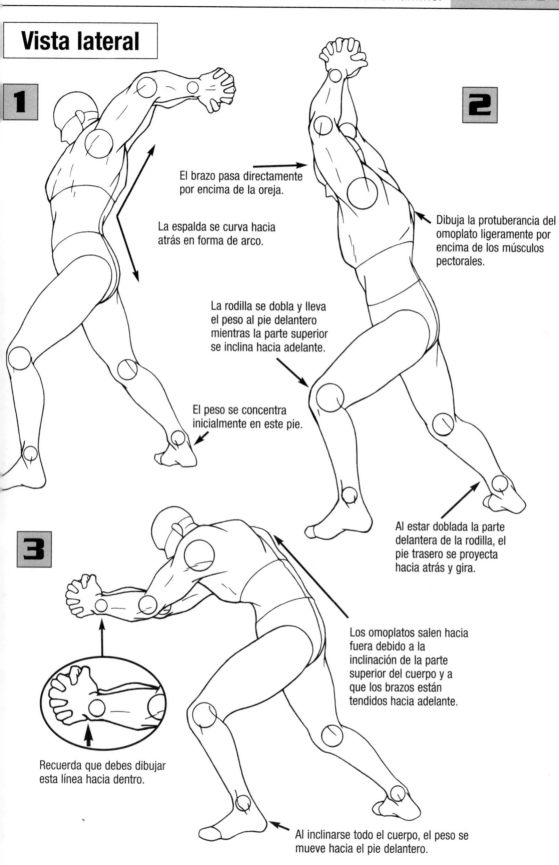

1

El brazo pasa directamente por encima de la oreja.

La espalda se curva hacia atrás en forma de arco.

La rodilla se dobla y lleva el peso al pie delantero mientras la parte superior se inclina hacia adelante.

El peso se concentra inicialmente en este pie.

2

Dibuja la protuberancia del omoplato ligeramente por encima de los músculos pectorales.

Al estar doblada la parte delantera de la rodilla, el pie trasero se proyecta hacia atrás y gira.

089

3

Los omoplatos salen hacia fuera debido a la inclinación de la parte superior del cuerpo y a que los brazos están tendidos hacia adelante.

Recuerda que debes dibujar esta línea hacia dentro.

Al inclinarse todo el cuerpo, el peso se mueve hacia el pie delantero.

Upper Cut | Forma básica

Aquí tenemos un puñetazo efectuado mediante un golpe ascendente, perfecto para los personajes musculosos. El movimiento se puede acentuar añadiendo un movimiento dramático cuando se agacha, esto puede hacer que se convierta en un movimiento clave.

1

Incluye los dos montículos de la palma justo por debajo de la muñeca.

La mirada se dirige en todo momento al oponente. Dibuja los surcos en la frente para mostrar un rostro con el ceño fruncido.

El codo apunta hacia atrás y se eleva sobre la cabeza.

2

El hombro está en dirección al oponente.

Cuando la rodilla se mantenga junto al cuerpo, incluye un contorno que la muestre saliendo hacia fuera.

Este personaje no sería nada sin las botas militares. Presta atención a detalles como los cordones.

¡ATENCIÓN!

La tensión forma pliegues en el muslo interior, que al estar suspendido hace que aparezcan pliegues más pequeños por fuera.

3

Para el contorno del codo utiliza una línea más fina que para la silueta.

Dibuja la muñeca apuntando hacia arriba (en dirección a la cabeza) y los nudillos dirigidos hacia el oponente.

Si las nalgas sobresalen demasiado, se rompe el equilibrio de la figura.

¡ATENCIÓN!

4 Las posiciones del tronco, la cintura y la pelvis establecen el equilibrio de la figura. Repasa la relación entre estas partes utilizando cortes transversales.

Corte transversal del tronco

Corte transversal de la cintura

Si no incluyes pliegues en el calzado estropearás la percepción natural de la imagen.

Muestra músculos utilizando de 2 a 3 finas líneas de contorno.

La posición de la rodilla permanece en relación al cuerpo, causando que su contorno exterior se mantenga como parte de la silueta.

091

Estudio de la posición utilizando un modelo de cajas.

2 Las rodillas están en direcciones opuestas.

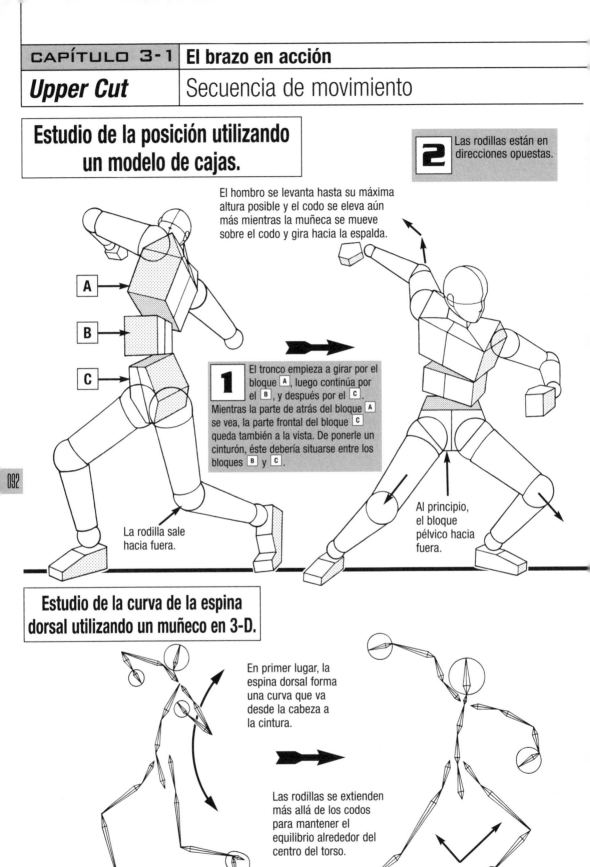

El hombro se levanta hasta su máxima altura posible y el codo se eleva aún más mientras la muñeca se mueve sobre el codo y gira hacia la espalda.

A

B

C

1 El tronco empieza a girar por el bloque A, luego continúa por el B, y después por el C. Mientras la parte de atrás del bloque A se vea, la parte frontal del bloque C queda también a la vista. De ponerle un cinturón, éste debería situarse entre los bloques B y C.

La rodilla sale hacia fuera.

Al principio, el bloque pélvico hacia fuera.

Estudio de la curva de la espina dorsal utilizando un muñeco en 3-D.

En primer lugar, la espina dorsal forma una curva que va desde la cabeza a la cintura.

Las rodillas se extienden más allá de los codos para mantener el equilibrio alrededor del centro del torso.

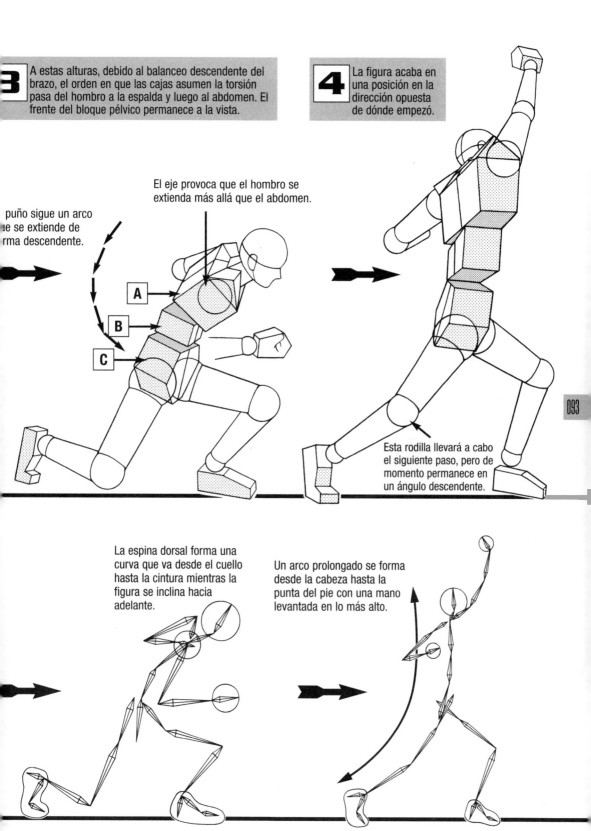

3 A estas alturas, debido al balanceo descendente del brazo, el orden en que las cajas asumen la torsión pasa del hombro a la espalda y luego al abdomen. El frente del bloque pélvico permanece a la vista.

4 La figura acaba en una posición en la dirección opuesta de dónde empezó.

El eje provoca que el hombro se extienda más allá que el abdomen.

puño sigue un arco e se extiende de rma descendente.

A

B

C

Esta rodilla llevará a cabo el siguiente paso, pero de momento permanece en un ángulo descendente.

La espina dorsal forma una curva que va desde el cuello hasta la cintura mientras la figura se inclina hacia adelante.

Un arco prolongado se forma desde la cabeza hasta la punta del pie con una mano levantada en lo más alto.

093

Upper Cut | Variaciones de la perspectiva

Vista trasera

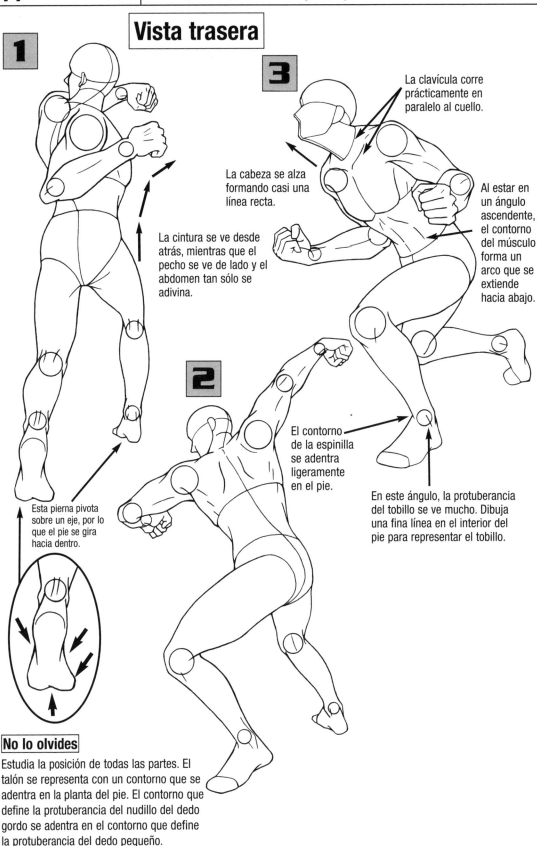

1

3

La clavícula corre prácticamente en paralelo al cuello.

La cabeza se alza formando casi una línea recta.

La cintura se ve desde atrás, mientras que el pecho se ve de lado y el abdomen tan sólo se adivina.

Al estar en un ángulo ascendente, el contorno del músculo forma un arco que se extiende hacia abajo.

2

El contorno de la espinilla se adentra ligeramente en el pie.

En este ángulo, la protuberancia del tobillo se ve mucho. Dibuja una fina línea en el interior del pie para representar el tobillo.

Esta pierna pivota sobre un eje, por lo que el pie se gira hacia dentro.

No lo olvides

Estudia la posición de todas las partes. El talón se representa con un contorno que se adentra en la planta del pie. El contorno que define la protuberancia del nudillo del dedo gordo se adentra en el contorno que define la protuberancia del dedo pequeño.

Perspectivas dinámicas

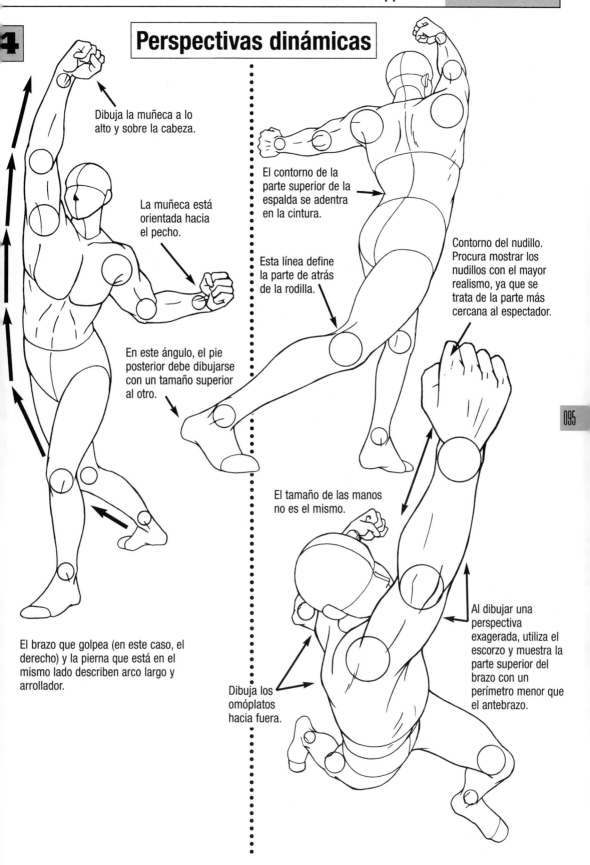

Dibuja la muñeca a lo alto y sobre la cabeza.

La muñeca está orientada hacia el pecho.

El contorno de la parte superior de la espalda se adentra en la cintura.

Esta línea define la parte de atrás de la rodilla.

Contorno del nudillo. Procura mostrar los nudillos con el mayor realismo, ya que se trata de la parte más cercana al espectador.

En este ángulo, el pie posterior debe dibujarse con un tamaño superior al otro.

El tamaño de las manos no es el mismo.

El brazo que golpea (en este caso, el derecho) y la pierna que está en el mismo lado describen arco largo y arrollador.

Dibuja los omóplatos hacia fuera.

Al dibujar una perspectiva exagerada, utiliza el escorzo y muestra la parte superior del brazo con un perímetro menor que el antebrazo.

095

Las patadas están ideadas para infringir un daños severos al oponente. Un elemento imprescindible a la hora de dibujar las patadas consiste en mostrar al personaje equilibrado sobre un pie. Por esta razón, son más difíciles de dibujar que las escenas de acción exageradas. Si no lo dibujas debidamente equilibrado, la figura parecerá inestable y dará la impresión de ser un personaje enclenque. Presta mucha más atención a la pierna que se encarga de equilibrar el cuerpo que a la pierna que golpea.

La patada | Forma básica

Eficaz cuando el oponente está frente al personaje. Para este movimiento, la pierna gira y el golpe se efectúa con la punta del pie. Ya que el movimiento no es elaborado, también puede usarse para personajes que dan patadas a los objetos.

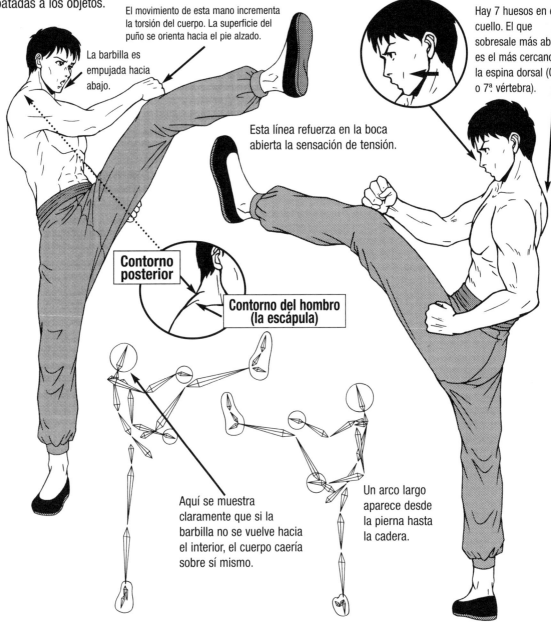

El movimiento de esta mano incrementa la torsión del cuerpo. La superficie del puño se orienta hacia el pie alzado.

La barbilla es empujada hacia abajo.

Hay 7 huesos en cuello. El que sobresale más aba es el más cercano la espina dorsal (C o 7ª vértebra).

Esta línea refuerza en la boca abierta la sensación de tensión.

Contorno posterior

Contorno del hombro (la escápula)

Aquí se muestra claramente que si la barbilla no se vuelve hacia el interior, el cuerpo caería sobre sí mismo.

Un arco largo aparece desde la pierna hasta la cadera.

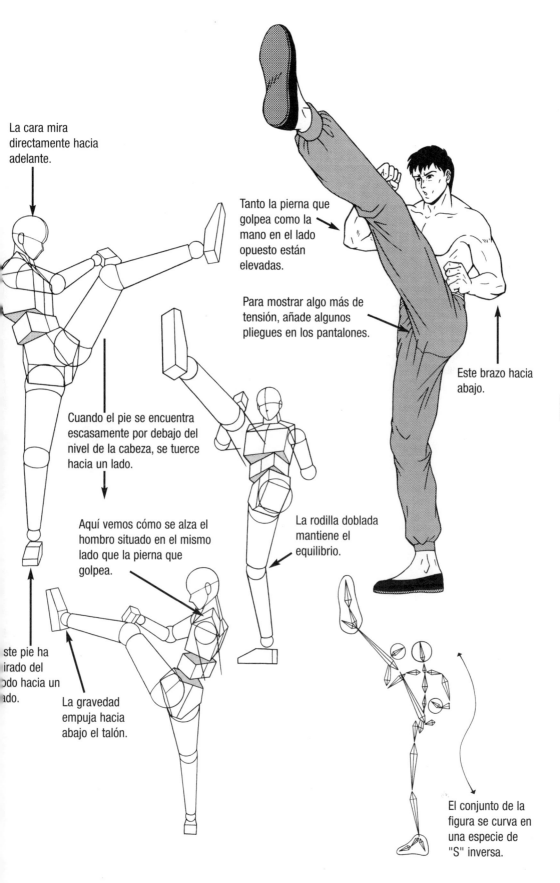

La cara mira directamente hacia adelante.

Tanto la pierna que golpea como la mano en el lado opuesto están elevadas.

Para mostrar algo más de tensión, añade algunos pliegues en los pantalones.

Este brazo hacia abajo.

Cuando el pie se encuentra escasamente por debajo del nivel de la cabeza, se tuerce hacia un lado.

Aquí vemos cómo se alza el hombro situado en el mismo lado que la pierna que golpea.

La rodilla doblada mantiene el equilibrio.

ste pie ha irado del do hacia un ado.

La gravedad empuja hacia abajo el talón.

El conjunto de la figura se curva en una especie de "S" inversa.

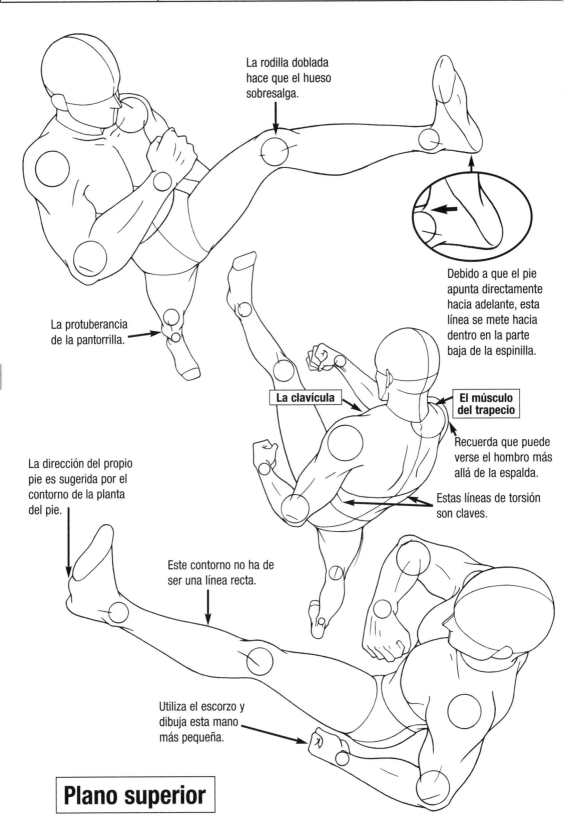

La rodilla doblada hace que el hueso sobresalga.

Debido a que el pie apunta directamente hacia adelante, esta línea se mete hacia dentro en la parte baja de la espinilla.

La protuberancia de la pantorrilla.

La clavícula

El músculo del trapecio

Recuerda que puede verse el hombro más allá de la espalda.

La dirección del propio pie es sugerida por el contorno de la planta del pie.

Estas líneas de torsión son claves.

Este contorno no ha de ser una línea recta.

Utiliza el escorzo y dibuja esta mano más pequeña.

Plano superior

098

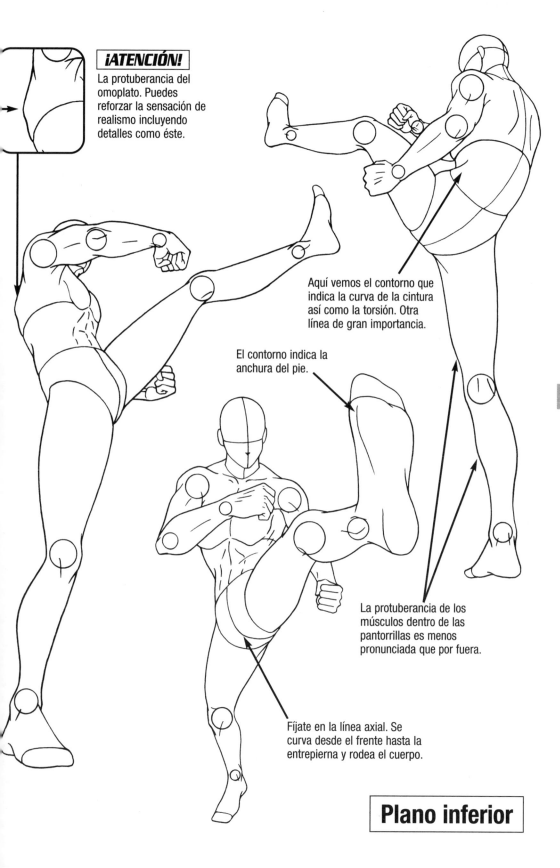

¡ATENCIÓN!

La protuberancia del omoplato. Puedes reforzar la sensación de realismo incluyendo detalles como éste.

Aquí vemos el contorno que indica la curva de la cintura así como la torsión. Otra línea de gran importancia.

El contorno indica la anchura del pie.

La protuberancia de los músculos dentro de las pantorrillas es menos pronunciada que por fuera.

Fíjate en la línea axial. Se curva desde el frente hasta la entrepierna y rodea el cuerpo.

099

Plano inferior

Patada baja | Forma básica

Este movimiento está ideado para debilitar la posición del oponente dando la patada en la parte inferior de las piernas. Aunque no estamos ante un movimiento complicado, es práctico y provoca un daño gradual en el oponente conectando golpe tras golpe. Es recomendable usar la patada baja con una combinación de movimientos más elaborados.

1

El brazo situado en el mismo lado de la pierna que golpea hacia abajo.

Mantén los contornos del puño en línea recta para reforzar la sensación de tensión.

Esta línea define la espina dorsal. La espina dorsal puede verse por encima de la cintura gracias a la inclinación del tronco.

Cuanto más grande es el muslo, mayor es la torsión.

La mirada se dirige hacia el objetivo del golpe (la parte inferior de la pierna del oponente).

La clavícula es muy importante.

2

Debido a la postura del tronco, la parte posterior del bloque pélvico se ve.

La patada se efectúa desde el lateral superior del pie, y se ven el talón y la planta del pie.

100

¡ATENCIÓN!

Baja un poco el hombro del lado opuesto al pie que ataca. Ya que el pie derecho golpea, el hombro izquierdo se deja caer ligeramente, haciendo que el cuerpo forme una suave curva en forma de "S".

Vista frontal

La cabeza oculta aproximadamente la mitad del hombro más alejado.

Al tratarse de una vista desde arriba, utiliza el escorzo y dibuja la mano derecha más pequeña que la izquierda.

Las caderas y los hombros están orientados en direcciones diferentes.

Imagina la pierna como un cilindro en perspectiva.

¡ATENCIÓN!

Los pies no tienen el mismo tamaño. Hay que utilizar el escorzo y dibujar más pequeño el pie situado más lejos de la cámara.

Patada baja | Perspectiva con escorzo

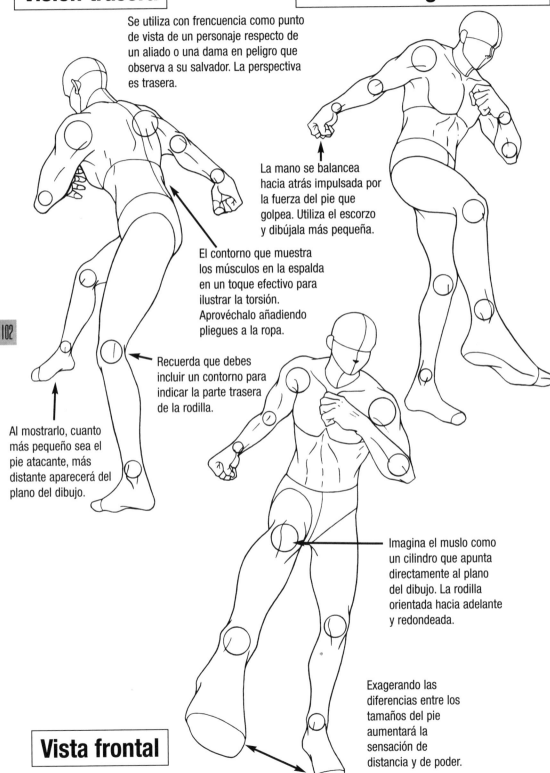

Visión trasera

Se utiliza con frecuencia como punto de vista de un personaje respecto de un aliado o una dama en peligro que observa a su salvador. La perspectiva es trasera.

Desde un ángulo oblicuo

La mano se balancea hacia atrás impulsada por la fuerza del pie que golpea. Utiliza el escorzo y dibújala más pequeña.

El contorno que muestra los músculos en la espalda en un toque efectivo para ilustrar la torsión. Aprovéchalo añadiendo pliegues a la ropa.

Recuerda que debes incluir un contorno para indicar la parte trasera de la rodilla.

Al mostrarlo, cuanto más pequeño sea el pie atacante, más distante aparecerá del plano del dibujo.

Imagina el muslo como un cilindro que apunta directamente al plano del dibujo. La rodilla orientada hacia adelante y redondeada.

Exagerando las diferencias entre los tamaños del pie aumentará la sensación de distancia y de poder.

Vista frontal

Perspectiva dinámica ascendente

Cuanto más baja sea la perspectiva, más exagerado será el escorzo.

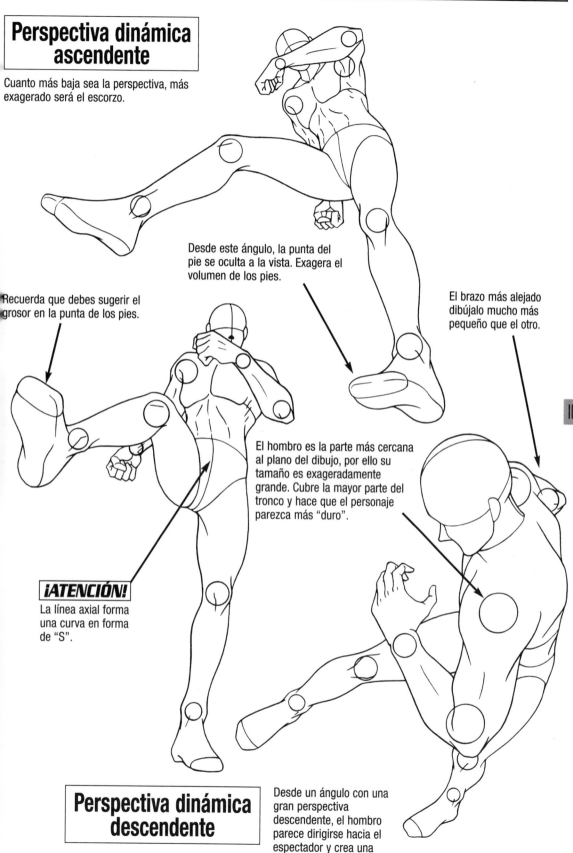

Desde este ángulo, la punta del pie se oculta a la vista. Exagera el volumen de los pies.

Recuerda que debes sugerir el grosor en la punta de los pies.

El brazo más alejado dibújalo mucho más pequeño que el otro.

El hombro es la parte más cercana al plano del dibujo, por ello su tamaño es exageradamente grande. Cubre la mayor parte del tronco y hace que el personaje parezca más "duro".

¡ATENCIÓN!
La línea axial forma una curva en forma de "S".

Perspectiva dinámica descendente

Desde un ángulo con una gran perspectiva descendente, el hombro parece dirigirse hacia el espectador y crea una poderosa composición.

Patada a media altura | Forma básica

Más baja que la patada alta (ver página 108), la patada a media altura golpea la región abdominal del oponente. Se trata de un movimiento con múltiples aplicaciones y se puede adaptar a una gran cantidad de escenas de combate. Un auténtico tesoro, asegúrate de dominarlo.

Cuando los músculos alrededor del cuello y los hombros están en tensión, la barbilla cae hacia abajo.

Al efectuarse la patada desde el lateral, el pie tiene una orientación descendente.

Estos contornos definen los músculos del serrato anterior. El incluirlos indica un cuerpo vigoroso.

104

¡ATENCIÓN!

Con un cinturón o un cordón que flote en la dirección opuesta a la del golpe, se le confiere al conjunto una mayor sensación de velocidad.

Mantén rectas las articulaciones de los dedos de los pies para sugerir más fuerza.

Ya que esta pierna forma el eje y mantiene el equilibrio del cuerpo, la rodilla debe estar doblada.

El bloque pélvico gira casi por completo hacia el costado.

Si los dedos de los pies están doblados, dará la impresión de un pie plantado firmemente en el suelo.

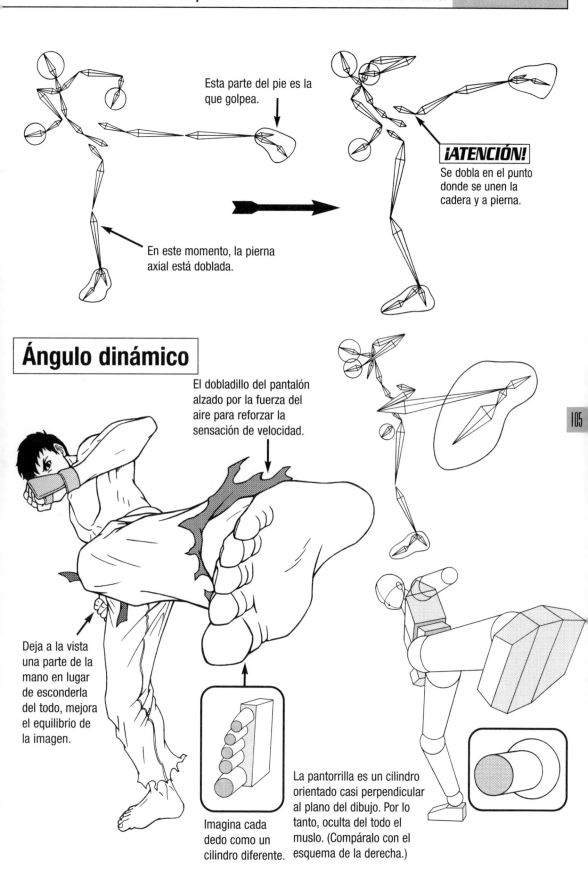

Esta parte del pie es la que golpea.

¡ATENCIÓN!
Se dobla en el punto donde se unen la cadera y a pierna.

En este momento, la pierna axial está doblada.

Ángulo dinámico

El dobladillo del pantalón alzado por la fuerza del aire para reforzar la sensación de velocidad.

Deja a la vista una parte de la mano en lugar de esconderla del todo, mejora el equilibrio de la imagen.

Imagina cada dedo como un cilindro diferente.

La pantorrilla es un cilindro orientado casi perpendicular al plano del dibujo. Por lo tanto, oculta del todo el muslo. (Compáralo con el esquema de la derecha.)

Desde atrás

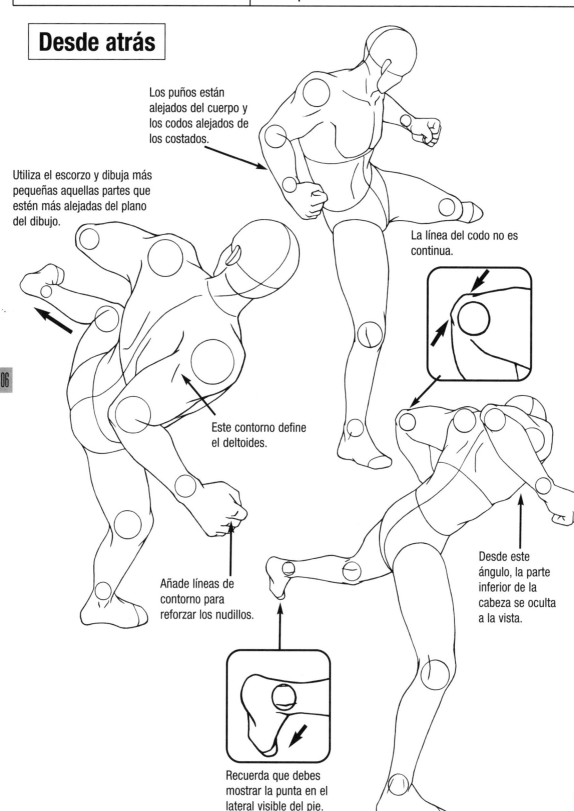

Los puños están alejados del cuerpo y los codos alejados de los costados.

Utiliza el escorzo y dibuja más pequeñas aquellas partes que estén más alejadas del plano del dibujo.

La línea del codo no es continua.

Este contorno define el deltoides.

Añade líneas de contorno para reforzar los nudillos.

Recuerda que debes mostrar la punta en el lateral visible del pie.

Desde este ángulo, la parte inferior de la cabeza se oculta a la vista.

Perspectiva dinámica ascendente

¡ATENCIÓN!

Estos ángulos pondrán a prueba tus habilidades para dibujar la mano. Asegúrate de dominar el dibujo de la mano vista desde arriba y desde abajo.

Desde arriba   Desde abajo

Recuerda que debes dibujar la parte superior del brazo derecho, visible desde la parte más alejada de la espalda.

Al estar los brazos hacia atrás, la protuberancia de los omoplatos es mayor.

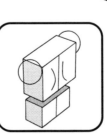

Estado normal

Con los brazos
hacia atrás

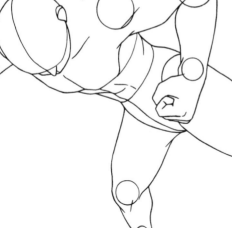

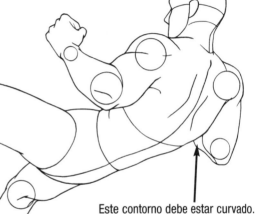

El contorno define el tendón de Aquiles. Es muy útil para sugerir tensión en la pierna.

Este contorno debe estar curvado.

Perspectiva dinámica descendente

Patada alta | Forma básica

Se trata de un típico movimiento utilizado en muchas situaciones. Consiste en una patada alta efectuada desde un lateral. Hay muchos ejemplos de este movimiento en escenas de karate, taekwondo y otras artes marciales. Tómalas como referencia.

Maléolo lateral

Maléolo medio

No lo olvides
El tobillo no sobresale de la misma manera en los laterales de los pies.

El brazo derecho pegado al costado. Si dejas una separación en el lado, mantendrás el equilibrio.

Aparecen pliegues rectos que van desde el muslo hasta la rodilla.

Ésta es la forma del pie cuando golpea lateralmente.

Los hombros giran hacia atrás y hacia abajo, el puño enfocado hacia el plano del dibujo.

La pelvis está orientada casi por completo hacia un lado.

La superficie es mayor de lo normal.

Para mantener la figura en equilibrio, dibuja la punta del pie apuntando hacia fuera.

La torsión permite que la parte superior del cuerpo permanezca erguida.

La rodilla de la pierna axial doblada ligeramente.

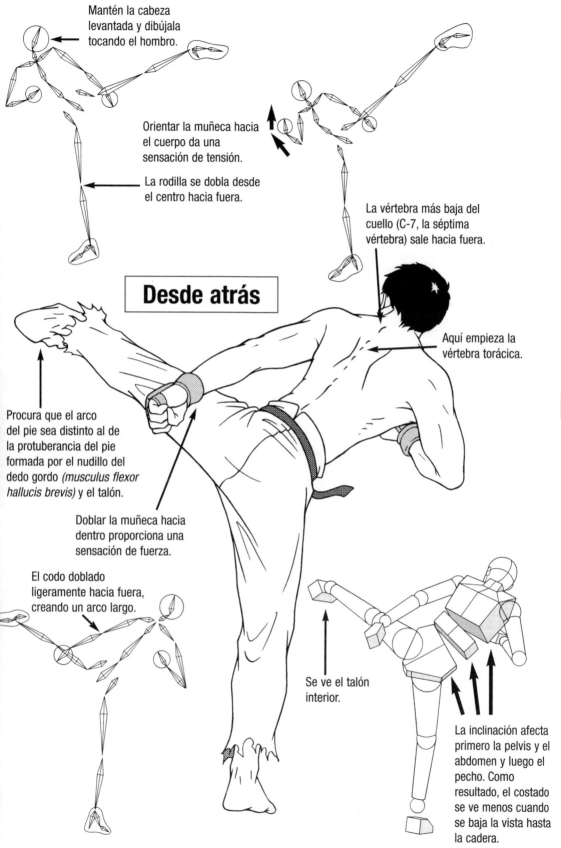

Mantén la cabeza levantada y dibújala tocando el hombro.

Orientar la muñeca hacia el cuerpo da una sensación de tensión.

La rodilla se dobla desde el centro hacia fuera.

La vértebra más baja del cuello (C-7, la séptima vértebra) sale hacia fuera.

Desde atrás

Aquí empieza la vértebra torácica.

Procura que el arco del pie sea distinto al de la protuberancia del pie formada por el nudillo del dedo gordo *(musculus flexor hallucis brevis)* y el talón.

Doblar la muñeca hacia dentro proporciona una sensación de fuerza.

El codo doblado ligeramente hacia fuera, creando un arco largo.

Se ve el talón interior.

La inclinación afecta primero la pelvis y el abdomen y luego el pecho. Como resultado, el costado se ve menos cuando se baja la vista hasta la cadera.

109

Patada alta | Perspectiva con escorzo

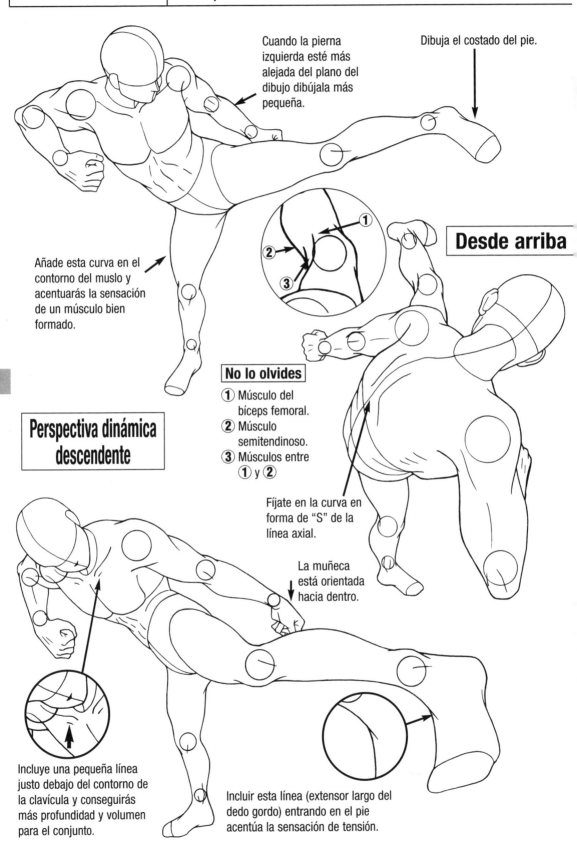

Cuando la pierna izquierda esté más alejada del plano del dibujo dibújala más pequeña.

Dibuja el costado del pie.

Desde arriba

Añade esta curva en el contorno del muslo y acentuarás la sensación de un músculo bien formado.

No lo olvides

① Músculo del bíceps femoral.
② Músculo semitendinoso.
③ Músculos entre ① y ②

Fíjate en la curva en forma de "S" de la línea axial.

Perspectiva dinámica descendente

La muñeca está orientada hacia dentro.

Incluye una pequeña línea justo debajo del contorno de la clavícula y conseguirás más profundidad y volumen para el conjunto.

Incluir esta línea (extensor largo del dedo gordo) entrando en el pie acentúa la sensación de tensión.

Perspectiva dinámica ascendente

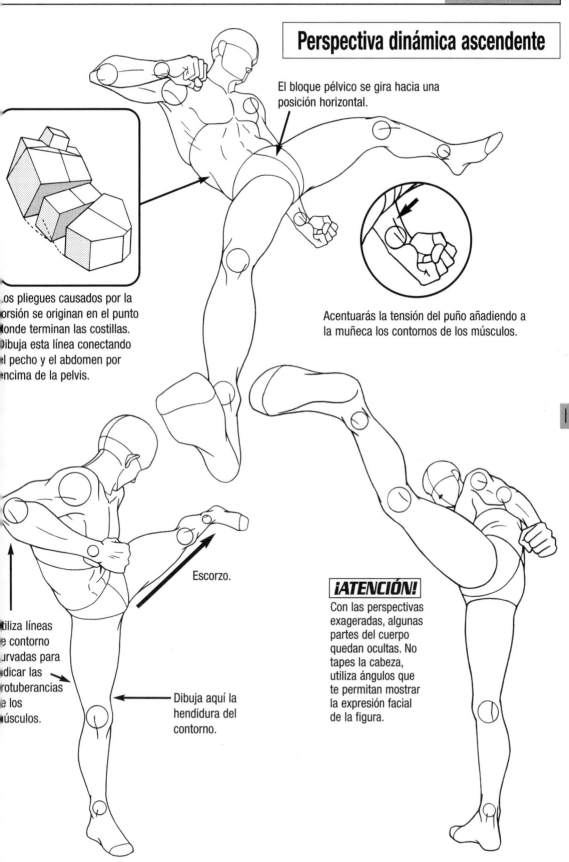

El bloque pélvico se gira hacia una posición horizontal.

os pliegues causados por la orsión se originan en el punto onde terminan las costillas. Dibuja esta línea conectando el pecho y el abdomen por encima de la pelvis.

Acentuarás la tensión del puño añadiendo a la muñeca los contornos de los músculos.

Escorzo.

tiliza líneas e contorno urvadas para dicar las rotuberancias e los úsculos.

Dibuja aquí la hendidura del contorno.

¡ATENCIÓN!

Con las perspectivas exageradas, algunas partes del cuerpo quedan ocultas. No tapes la cabeza, utiliza ángulos que te permitan mostrar la expresión facial de la figura.

Patada en combate | Forma básica

Para este movimiento todo el peso del cuerpo se enfoca en un pie, mientras que la patada impacta en el enemigo con gran fuerza. Es un movimiento ideal para utilizarlo contra los villanos, aunque no es muy apropiado para personajes femeninos.

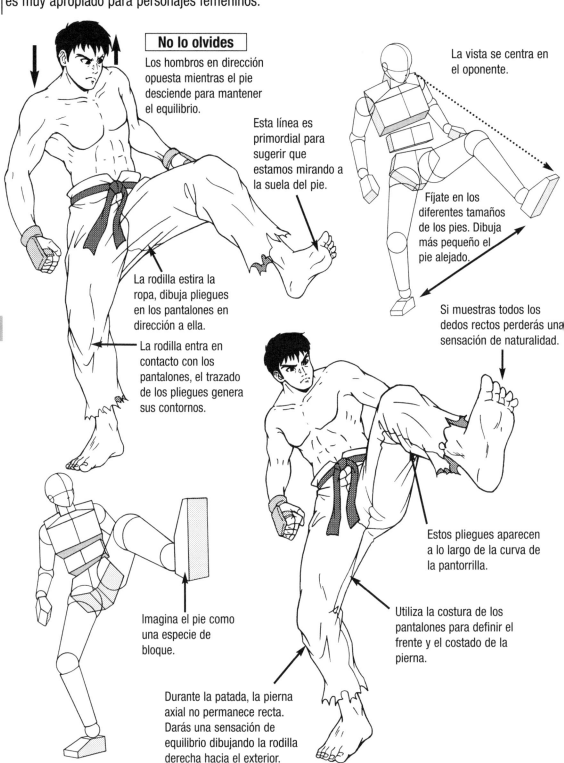

No lo olvides

Los hombros en dirección opuesta mientras el pie desciende para mantener el equilibrio.

Esta línea es primordial para sugerir que estamos mirando a la suela del pie.

La rodilla estira la ropa, dibuja pliegues en los pantalones en dirección a ella.

La rodilla entra en contacto con los pantalones, el trazado de los pliegues genera sus contornos.

La vista se centra en el oponente.

Fíjate en los diferentes tamaños de los pies. Dibuja más pequeño el pie alejado.

Si muestras todos los dedos rectos perderás una sensación de naturalidad.

Estos pliegues aparecen a lo largo de la curva de la pantorrilla.

Utiliza la costura de los pantalones para definir el frente y el costado de la pierna.

Imagina el pie como una especie de bloque.

Durante la patada, la pierna axial no permanece recta. Darás una sensación de equilibrio dibujando la rodilla derecha hacia el exterior.

112

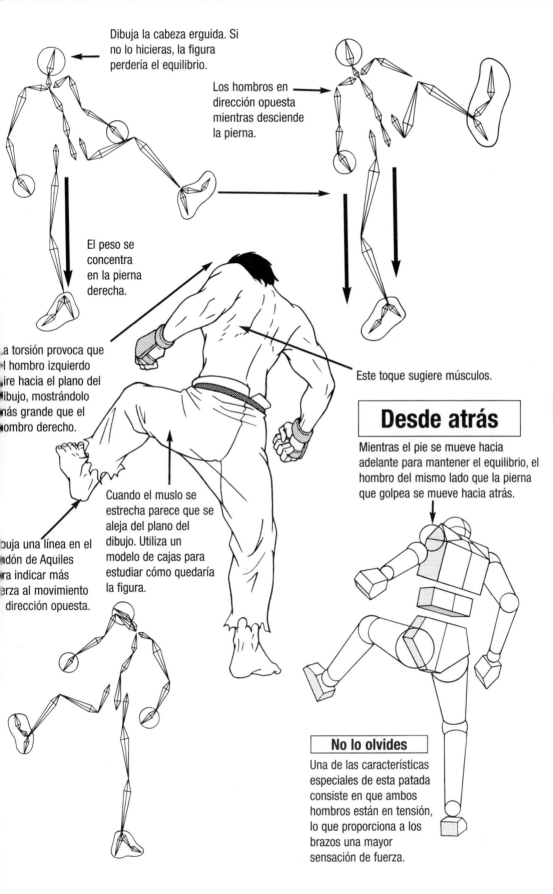

Dibuja la cabeza erguida. Si no lo hicieras, la figura perdería el equilibrio.

Los hombros en dirección opuesta mientras desciende la pierna.

El peso se concentra en la pierna derecha.

La torsión provoca que el hombro izquierdo gire hacia el plano del dibujo, mostrándolo más grande que el hombro derecho.

Este toque sugiere músculos.

Desde atrás

Mientras el pie se mueve hacia adelante para mantener el equilibrio, el hombro del mismo lado que la pierna que golpea se mueve hacia atrás.

Cuando el muslo se estrecha parece que se aleja del plano del dibujo. Utiliza un modelo de cajas para estudiar cómo quedaría la figura.

Dibuja una línea en el tendón de Aquiles para indicar más fuerza al movimiento en dirección opuesta.

No lo olvides

Una de las características especiales de esta patada consiste en que ambos hombros están en tensión, lo que proporciona a los brazos una mayor sensación de fuerza.

Perspectiva dinámica descendente

Para este ángulo, la figura se agranda a medida que la visión del ojo se mueve hacia los pies. Por esta razón, la mano debería tener este tamaño.

No dibujes el brazo izquierdo, al ir hacia atrás queda tapado.

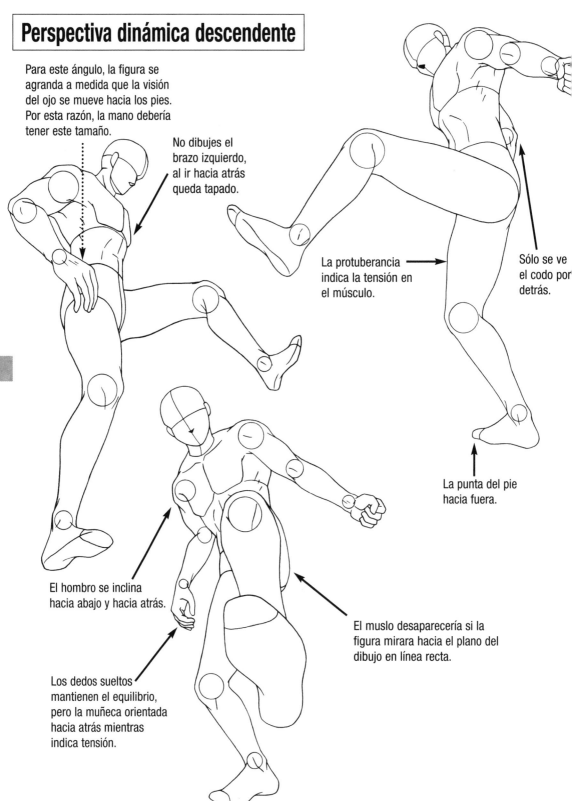

La protuberancia indica la tensión en el músculo.

Sólo se ve el codo por detrás.

La punta del pie hacia fuera.

El hombro se inclina hacia abajo y hacia atrás.

El muslo desaparecería si la figura mirara hacia el plano del dibujo en línea recta.

Los dedos sueltos mantienen el equilibrio, pero la muñeca orientada hacia atrás mientras indica tensión.

114

Perspectiva dinámica descendente

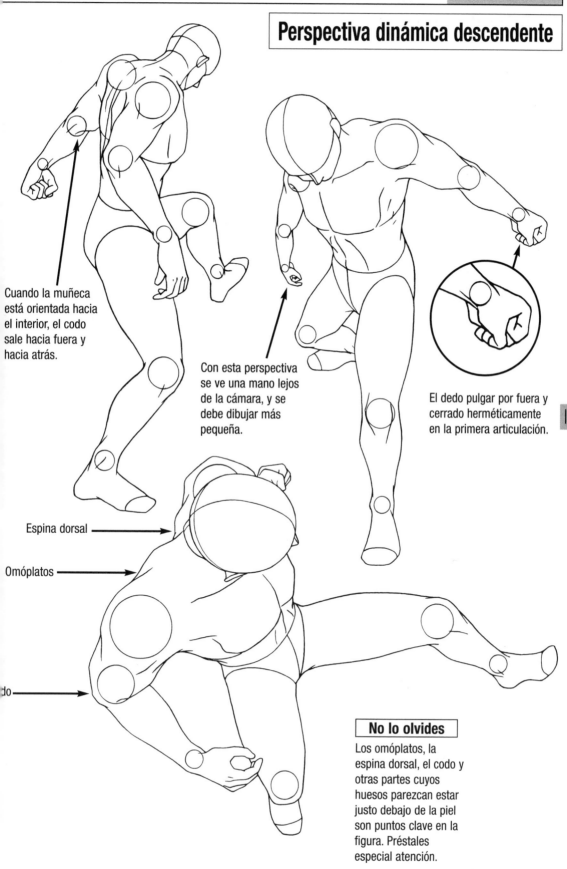

Cuando la muñeca está orientada hacia el interior, el codo sale hacia fuera y hacia atrás.

Con esta perspectiva se ve una mano lejos de la cámara, y se debe dibujar más pequeña.

El dedo pulgar por fuera y cerrado herméticamente en la primera articulación.

Espina dorsal

Omóplatos

do

115

No lo olvides

Los omóplatos, la espina dorsal, el codo y otras partes cuyos huesos parezcan estar justo debajo de la piel son puntos clave en la figura. Préstales especial atención.

Patada en salto | Forma básica

Este movimiento se realiza saltando hacia el oponente y golpeando uno de los lados mientras se realiza una patada. El daño infringido por esta patada no es tan severo como el de un salto con patada, pero es un gran movimiento para acabar con oponentes débiles. Es un golpe ideal para que lo utilicen personajes femeninos de escasa complexión física.

La línea de visión está a la misma altura que el pie que golpea.

El puño enfoca al plano del dibujo. Recuerda que debes dibujar el dedo pulgar por fuera.

La muñeca orientada hacia el interior.

Este contorno indica que el dedo pulgar está doblado.

Esta línea es casi horizontal.

El contorno se adentra en el muslo para definir la parte de atrás del personaje.

La espina dorsal desaparece a esta altura, en la mitad de la espalda.

Un toque para sugerir la planta del pie.

La línea de visión enfoca la punta del calzado.

Dibuja el contorno interior del codo cortando ligeramente el brazo.

Los pies se extienden de atrás adelante de la figura a lo largo de una línea recta.

Asegúrate de dibujar la curva de la pantorrilla para que pueda apreciarse el estrechamiento del tobillo.

116

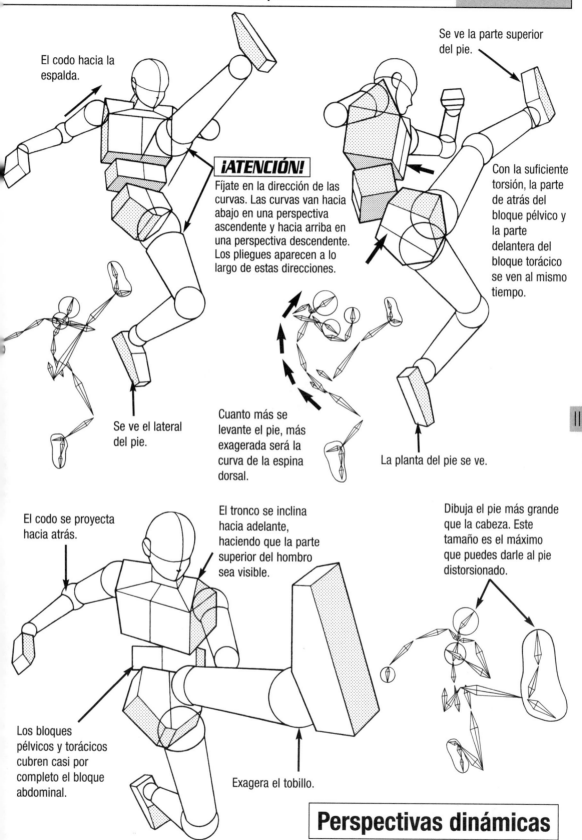

El codo hacia la espalda.

Se ve la parte superior del pie.

¡ATENCIÓN!
Fíjate en la dirección de las curvas. Las curvas van hacia abajo en una perspectiva ascendente y hacia arriba en una perspectiva descendente. Los pliegues aparecen a lo largo de estas direcciones.

Con la suficiente torsión, la parte de atrás del bloque pélvico y la parte delantera del bloque torácico se ven al mismo tiempo.

Se ve el lateral del pie.

Cuanto más se levante el pie, más exagerada será la curva de la espina dorsal.

La planta del pie se ve.

117

El codo se proyecta hacia atrás.

El tronco se inclina hacia adelante, haciendo que la parte superior del hombro sea visible.

Dibuja el pie más grande que la cabeza. Este tamaño es el máximo que puedes darle al pie distorsionado.

Los bloques pélvicos y torácicos cubren casi por completo el bloque abdominal.

Exagera el tobillo.

Perspectivas dinámicas

Patada en salto | Perspectiva con escorzo

Perspectivas dinámicas ascendentes

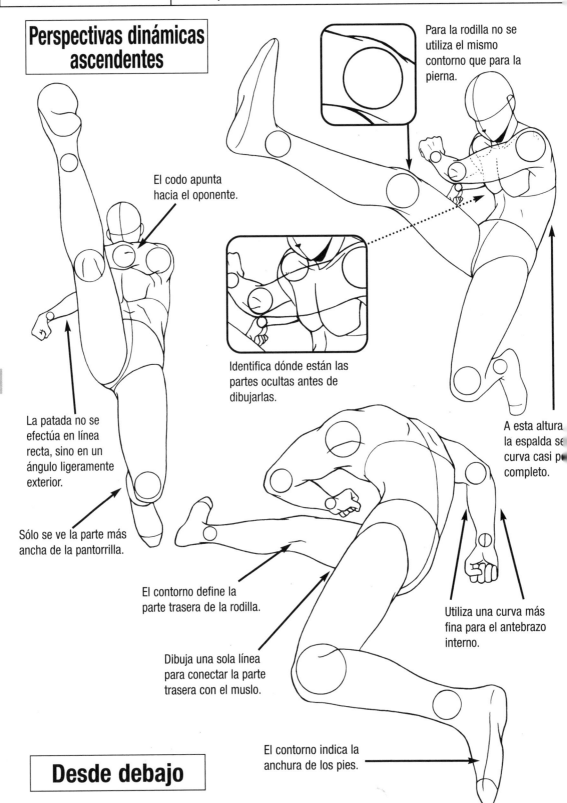

El codo apunta hacia el oponente.

Para la rodilla no se utiliza el mismo contorno que para la pierna.

Identifica dónde están las partes ocultas antes de dibujarlas.

La patada no se efectúa en línea recta, sino en un ángulo ligeramente exterior.

Sólo se ve la parte más ancha de la pantorrilla.

A esta altura la espalda se curva casi p completo.

El contorno define la parte trasera de la rodilla.

Dibuja una sola línea para conectar la parte trasera con el muslo.

Utiliza una curva más fina para el antebrazo interno.

El contorno indica la anchura de los pies.

Desde debajo

118

Perspectiva dinámica ascendente

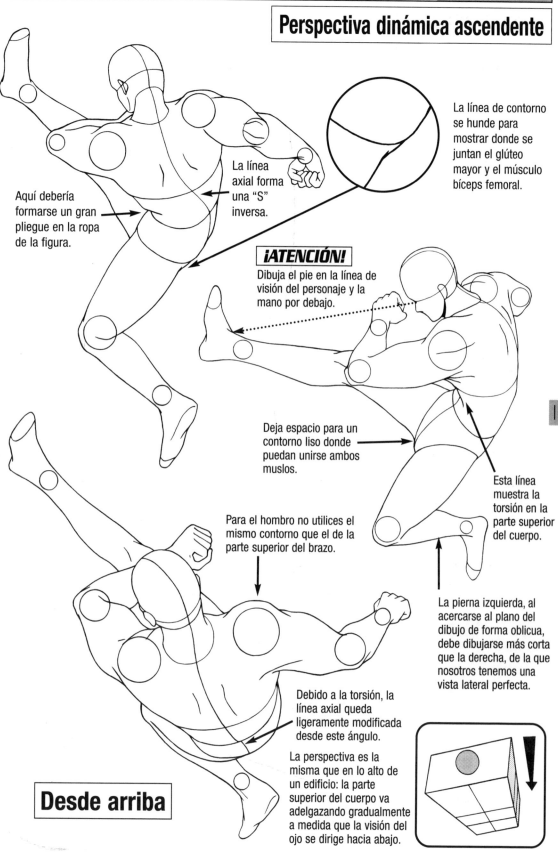

La línea de contorno se hunde para mostrar donde se juntan el glúteo mayor y el músculo bíceps femoral.

La línea axial forma una "S" inversa.

Aquí debería formarse un gran pliegue en la ropa de la figura.

¡ATENCIÓN!

Dibuja el pie en la línea de visión del personaje y la mano por debajo.

Deja espacio para un contorno liso donde puedan unirse ambos muslos.

Esta línea muestra la torsión en la parte superior del cuerpo.

Para el hombro no utilices el mismo contorno que el de la parte superior del brazo.

La pierna izquierda, al acercarse al plano del dibujo de forma oblicua, debe dibujarse más corta que la derecha, de la que nosotros tenemos una vista lateral perfecta.

Debido a la torsión, la línea axial queda ligeramente modificada desde este ángulo.

La perspectiva es la misma que en lo alto de un edificio: la parte superior del cuerpo va adelgazando gradualmente a medida que la visión del ojo se dirige hacia abajo.

Desde arriba

Golpe de rodilla | Forma básica

Para esta acción, el golpe se efectúa dando un salto y atacando al oponente con la rodilla. En realidad no es un movimiento muy práctico, pero mostrar como flota el personaje frente a la cabez del oponente con este tipo de acción puede dar al dibujo algo de gracia.

Desde un ángulo oblicuo

Imagina el antebrazo como si fuera un cilindro que se acerca al plano del dibujo.

El golpe se efectúa en línea recta con la rodilla. Utiliza un trazo grueso para mostrar la rótula.

Deja un espacio aproximado del tamaño de la cabeza. La muñeca está orienta hacia el interior.

Al ser una perspectiva descendente, la curva se hunde hacia abajo.

Plano inferior

Con la muñeca hacia dentro y se crea una sensación de fuerza.

Dibuja la ondulación de la camisa en dirección opuesta a la del salto del personaje.

Los pliegues aparecen donde se genera la torsión.

Desde atrás

El contorno del calcetín sigue la curva del pie.

Para la rótula utiliza una línea plana.

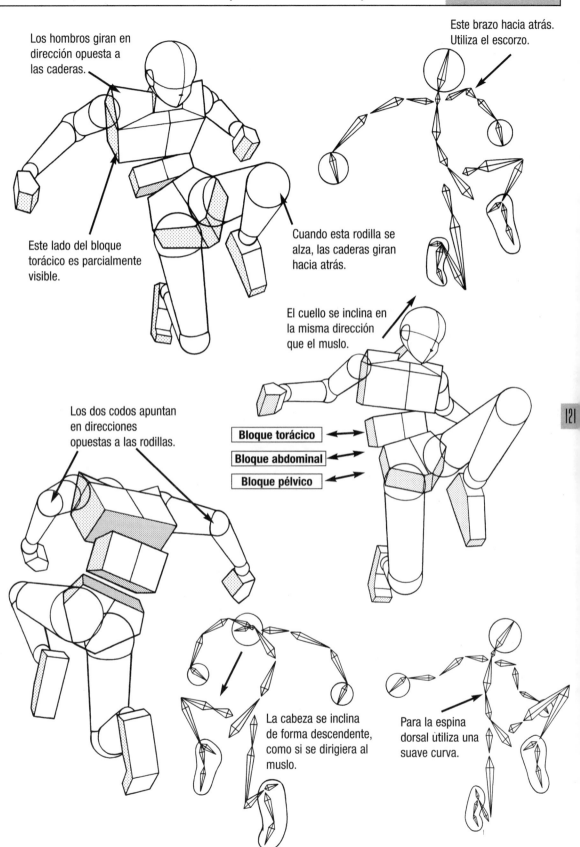

Los hombros giran en dirección opuesta a las caderas.

Este brazo hacia atrás. Utiliza el escorzo.

Este lado del bloque torácico es parcialmente visible.

Cuando esta rodilla se alza, las caderas giran hacia atrás.

El cuello se inclina en la misma dirección que el muslo.

Los dos codos apuntan en direcciones opuestas a las rodillas.

Bloque torácico
Bloque abdominal
Bloque pélvico

La cabeza se inclina de forma descendente, como si se dirigiera al muslo.

Para la espina dorsal utiliza una suave curva.

Golpe de rodilla | Perspectiva con escorzo

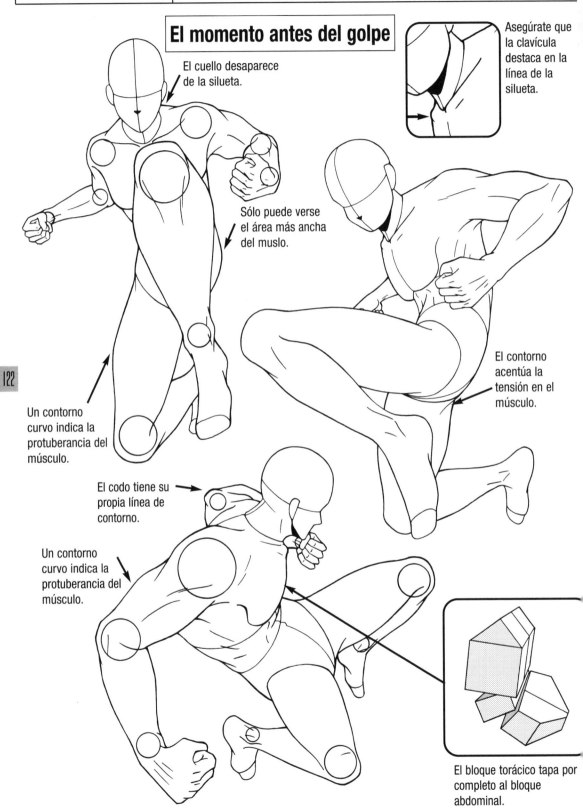

El momento antes del golpe

El cuello desaparece de la silueta.

Asegúrate que la clavícula destaca en la línea de la silueta.

Sólo puede verse el área más ancha del muslo.

El contorno acentúa la tensión en el músculo.

Un contorno curvo indica la protuberancia del músculo.

El codo tiene su propia línea de contorno.

Un contorno curvo indica la protuberancia del músculo.

El bloque torácico tapa por completo al bloque abdominal.

122

El momento donde el golpe es efectuado

El hombro se alza hasta tapar el cuello.

La pantorrilla empieza aquí.

Esta línea indica la torsión de la cintura. Utiliza una del mismo espesor como la línea de la silueta.

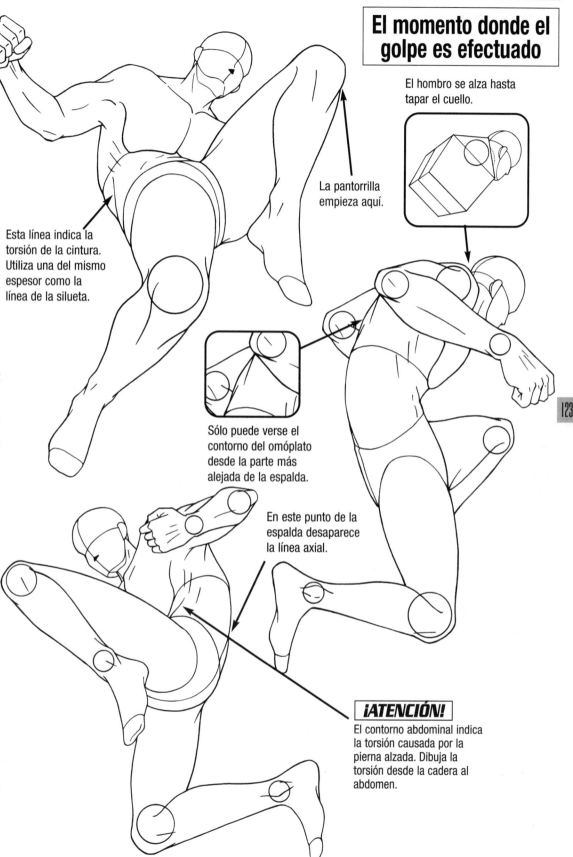

Sólo puede verse el contorno del omóplato desde la parte más alejada de la espalda.

En este punto de la espalda desaparece la línea axial.

123

¡ATENCIÓN!

El contorno abdominal indica la torsión causada por la pierna alzada. Dibuja la torsión desde la cadera al abdomen.

Salto y golpe de rodilla | Forma básica

Este movimiento se realiza saltando frente y a un lado del oponente, efectuando el golpe con la rodilla. Se utiliza para atacar la barbilla u otras áreas vulnerables del cuerpo. Es bastante impresionante, ¿no crees?

No lo olvides

La mano no siempre tiene que estar en forma de puño para mostrar la tensión. Aquí, lo importante es mostrar las tres articulaciones flexionadas para cerrar los dedos.

Con la cabeza caída, los hombros tapan la cara a partir de la mejilla.

El contorno de la parte inferior de la espalda se adentra por este punto en la cintura.

124

Aquí empieza el contorno de la espalda.

Los dedos de los pies en punta mientras realiza el salto.

Dibuja tan sólo la punta de la zapatilla más alejada, de manera que apenas sobresalga de la pierna.

Fíjate en la posición del pecho y las caderas. El cuerpo se contorsiona, haciendo que la parte delantera del bloque torácico y la parte trasera del bloque pélvico queden a la vista.

No lo olvides

Las caderas en dirección hacia donde se efectúa el golpe.

Esta línea que se adentra en la espalda acentúa la sensación de inclinación del cuerpo.

El pecho y las caderas orientados en diferentes direcciones.

125

Plano inferior

Imagina un cilindro
que parezca que vaya
a salir fuera del plano
del dibujo.

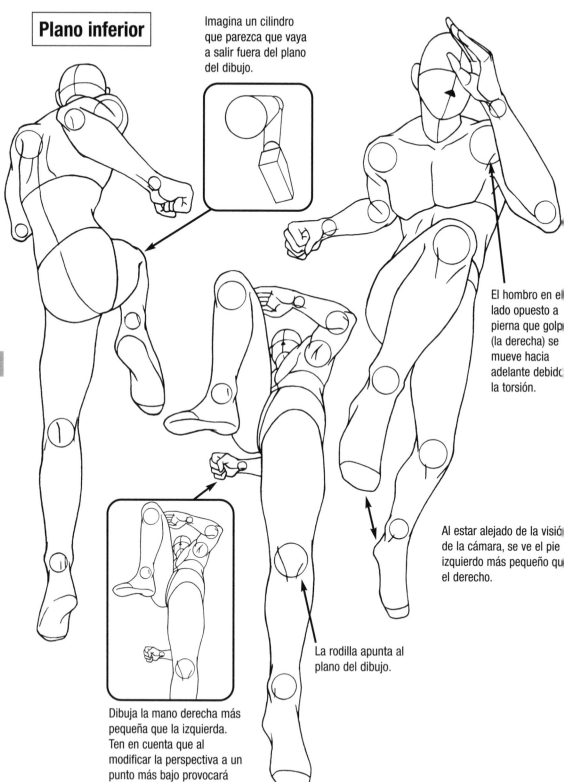

El hombro en el
lado opuesto a
pierna que golp
(la derecha) se
mueve hacia
adelante debido
la torsión.

Al estar alejado de la visió
de la cámara, se ve el pie
izquierdo más pequeño qu
el derecho.

La rodilla apunta al
plano del dibujo.

Dibuja la mano derecha más
pequeña que la izquierda.
Ten en cuenta que al
modificar la perspectiva a un
punto más bajo provocará
que la figura parezca
antinatural.

Dibuja el codo con forma angulosa para darle un toque abrupto. Pero no debe acabar en triángulo.

Plano superior

Dibuja los dedos extendidos en línea recta desde la palma y doblándose ligeramente en la articulación. Es una buena técnica para crear una sensación de fuerza y de tensión en las manos.

El contorno define al músculo por fuera de la rodilla (el músculo femoral del bíceps) y se extiende por la pantorrilla.

Vista lateral

Dale una mayor sensación de fuerza exagerando la protuberancia de los omóplatos.

El cuerpo oculta la pierna izquierda, y sólo se ve la punta del pie.

Sólo la parte más ancha de la pantorrilla se ve.

¡ATENCIÓN!

Fíjate en los efectos de la inclinación. La línea axial delantera aparece en el mismo punto donde la línea axial trasera desaparece de la vista.

Desde arriba

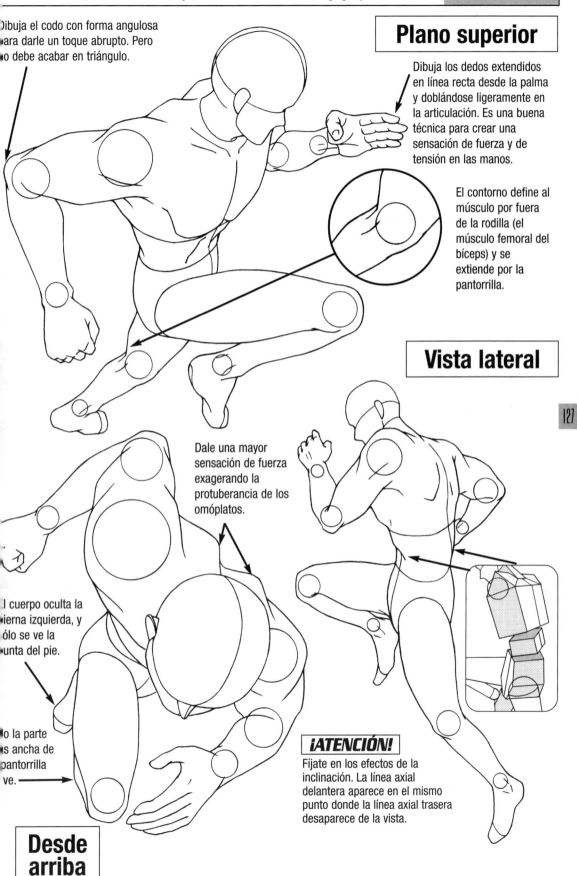

Patada giratoria | Forma básica

Aquí tenemos una poderosa patada, efectuada gracias a la fuerza que provoca el cuerpo al girar. Este movimiento requiere un buen sentido del equilibrio. Permite al luchador atacar desde todas las direcciones, por lo que puede utilizarse en escenas donde el personaje se enfrente a múltiples enemigos.

El tronco se inclina ligeramente hacia adelante.

① El talón del pie trasero se alza

La mano está parcialmente abierta, pero al siguiente instante se cerrará en forma de puño.

② El pie se levanta del suelo

La protuberancia de la palma de la mano oculta las yemas de los dedos.

El contorno de la muñeca se extiende desde la protuberancia del músculo hasta el antebrazo.

Si el personaje camina descalzo, añade curvas que definan la planta del pie.

Dibuja el tobillo en el lado opuesto al del pie.

Agrega una sombra al hueco creado por los dedos y obtendrás una sensación tridimensional

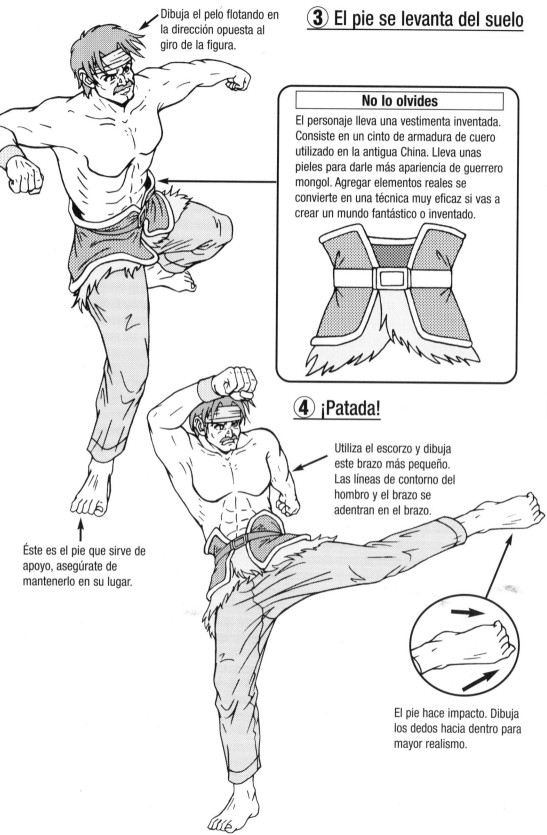

Dibuja el pelo flotando en la dirección opuesta al giro de la figura.

③ El pie se levanta del suelo

No lo olvides

El personaje lleva una vestimenta inventada. Consiste en un cinto de armadura de cuero utilizado en la antigua China. Lleva unas pieles para darle más apariencia de guerrero mongol. Agregar elementos reales se convierte en una técnica muy eficaz si vas a crear un mundo fantástico o inventado.

④ ¡Patada!

Utiliza el escorzo y dibuja este brazo más pequeño. Las líneas de contorno del hombro y el brazo se adentran en el brazo.

Éste es el pie que sirve de apoyo, asegúrate de mantenerlo en su lugar.

El pie hace impacto. Dibuja los dedos hacia dentro para mayor realismo.

Patada giratoria | Modelo de cajas y huesos en 3-D

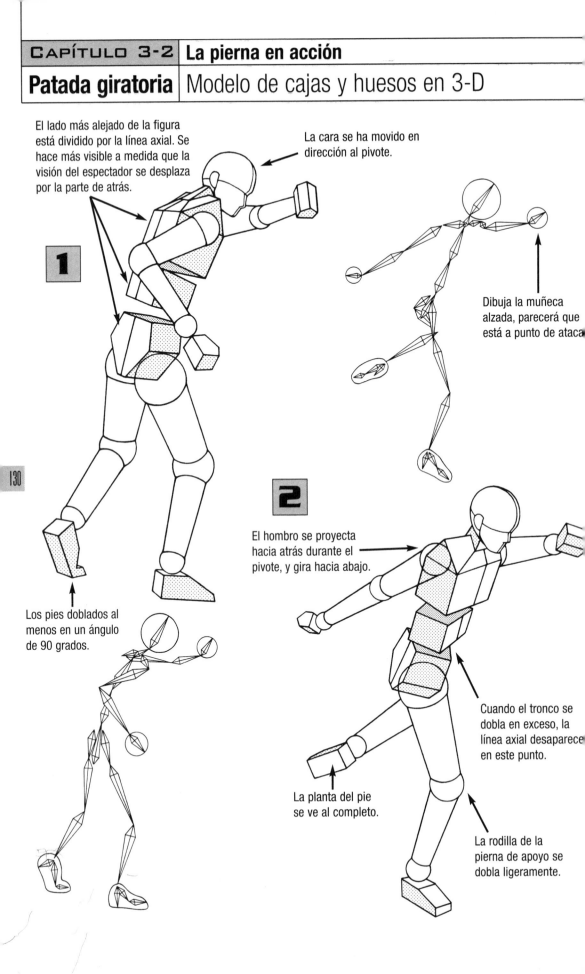

El lado más alejado de la figura está dividido por la línea axial. Se hace más visible a medida que la visión del espectador se desplaza por la parte de atrás.

La cara se ha movido en dirección al pivote.

1

Dibuja la muñeca alzada, parecerá que está a punto de atacar

Los pies doblados al menos en un ángulo de 90 grados.

2

El hombro se proyecta hacia atrás durante el pivote, y gira hacia abajo.

Cuando el tronco se dobla en exceso, la línea axial desaparece en este punto.

La planta del pie se ve al completo.

La rodilla de la pierna de apoyo se dobla ligeramente.

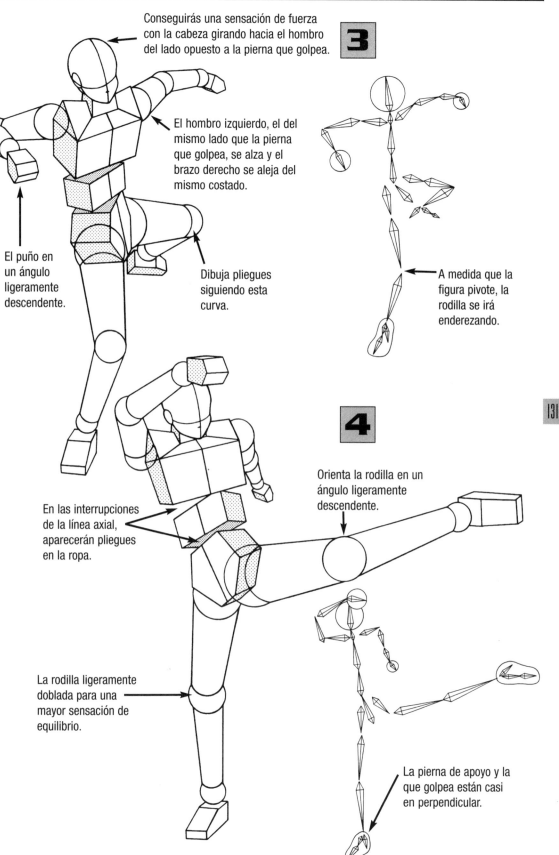

Conseguirás una sensación de fuerza con la cabeza girando hacia el hombro del lado opuesto a la pierna que golpea.

3

El hombro izquierdo, el del mismo lado que la pierna que golpea, se alza y el brazo derecho se aleja del mismo costado.

El puño en un ángulo ligeramente descendente.

Dibuja pliegues siguiendo esta curva.

A medida que la figura pivote, la rodilla se irá enderezando.

4

Orienta la rodilla en un ángulo ligeramente descendente.

En las interrupciones de la línea axial, aparecerán pliegues en la ropa.

La rodilla ligeramente doblada para una mayor sensación de equilibrio.

La pierna de apoyo y la que golpea están casi en perpendicular.

131

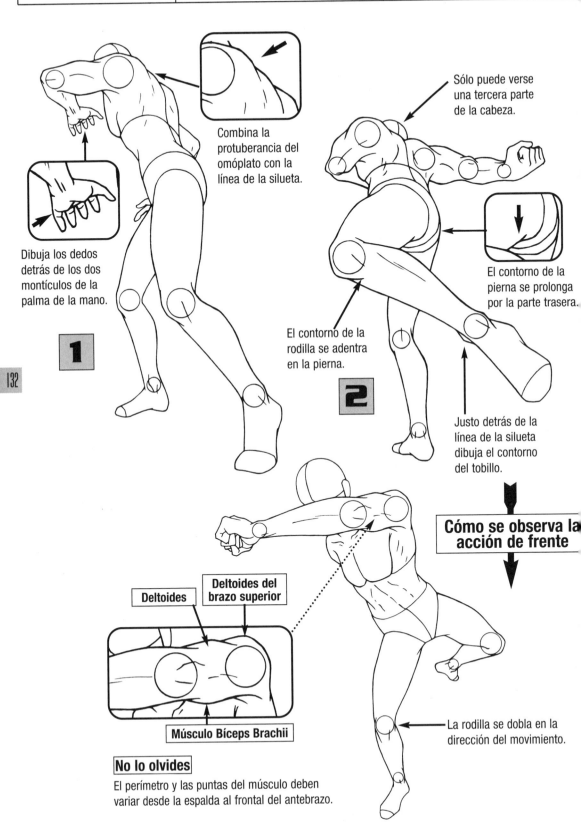

Combina la protuberancia del omóplato con la línea de la silueta.

Dibuja los dedos detrás de los dos montículos de la palma de la mano.

1

Sólo puede verse una tercera parte de la cabeza.

El contorno de la pierna se prolonga por la parte trasera.

El contorno de la rodilla se adentra en la pierna.

2

Justo detrás de la línea de la silueta dibuja el contorno del tobillo.

Cómo se observa la acción de frente

Deltoides

Deltoides del brazo superior

Músculo Bíceps Brachii

La rodilla se dobla en la dirección del movimiento.

No lo olvides

El perímetro y las puntas del músculo deben variar desde la espalda al frontal del antebrazo.

132

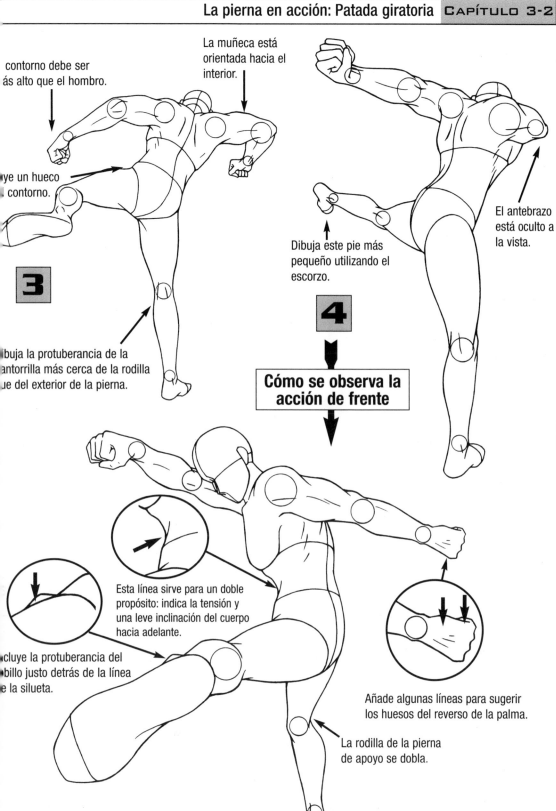

contorno debe ser
ás alto que el hombro.

La muñeca está
orientada hacia el
interior.

ye un hueco
 contorno.

3

El antebrazo
está oculto a
la vista.

Dibuja este pie más
pequeño utilizando el
escorzo.

4

ibuja la protuberancia de la
antorrilla más cerca de la rodilla
ue del exterior de la pierna.

**Cómo se observa la
acción de frente**

Esta línea sirve para un doble
propósito: indica la tensión y
una leve inclinación del cuerpo
hacia adelante.

cluye la protuberancia del
billo justo detrás de la línea
e la silueta.

Añade algunas líneas para sugerir
los huesos del reverso de la palma.

La rodilla de la pierna
de apoyo se dobla.

Patada giratoria inversa | Forma básica

Para esta patada, el personaje debe encontrarse de espaldas a su oponente, dar un medio giro y utilizar esa fuerza para golpear. Este movimiento puede utilizarse en una escena donde el protagonista detecta la presencia de un enemigo a sus espaldas.

El costado de la figu~~a~~ y la parte trasera d~~e~~ la cabeza apuntan a~~l~~ plano del dibujo al mismo tiempo.

2

1

La vista se fija en el oponente.

Los pliegues siguen las líneas de torsión en el tronco.

El codo toca el cuerpo.

El codo se aleja del cuerpo debido a que la fuerza de este brazo crea la torsión en el cuerpo al girar.

La patada se efectúa aquí. El talón apunta a la dirección del pivote.

La rodilla se inclina hacia el interior.

Los bloques del pecho y la pelvis están orientados en direcciones opuestas.

El talón del pie del apoyo está plantado firmemente en el suelo.

La pierna que golpea se sitúa en la dirección opuesta al objetivo.

134

3

La relación entre la inclinación del hombro y las caderas es la misma a lo largo del movimiento.

La rotación de los brazos está sincronizada con el movimiento de las piernas.

El pie de apoyo apunta hacia fuera, en la dirección opuesta a la rotación del cuerpo.

Fíjate que la punta del pie y la rodilla apuntan a diferentes direcciones.

Haz que incline la cabeza hacia adelante.

Esta rodilla siempre flexionada.

La rodilla se dobla para mantener el equilibrio.

Una curva en forma de "S" inversa.

135

Vista trasera

1

El cuerpo se inclina hacia adelante, y buena parte de la cabeza queda tapada.

El rostro mira al objetivo.

2

Es importante que el contorno del costado sugiera la torsión.

Las nalgas no deben quedar más atrás del talón.

3

La barbilla tiene una inclinación descendente muy pronunciada.

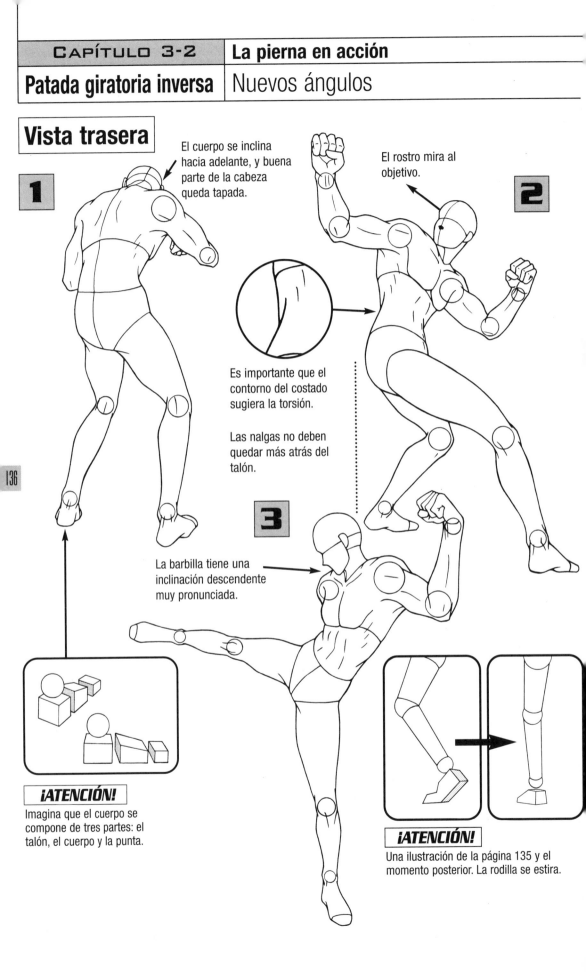

¡ATENCIÓN!

Imagina que el cuerpo se compone de tres partes: el talón, el cuerpo y la punta.

¡ATENCIÓN!

Una ilustración de la página 135 y el momento posterior. La rodilla se estira.

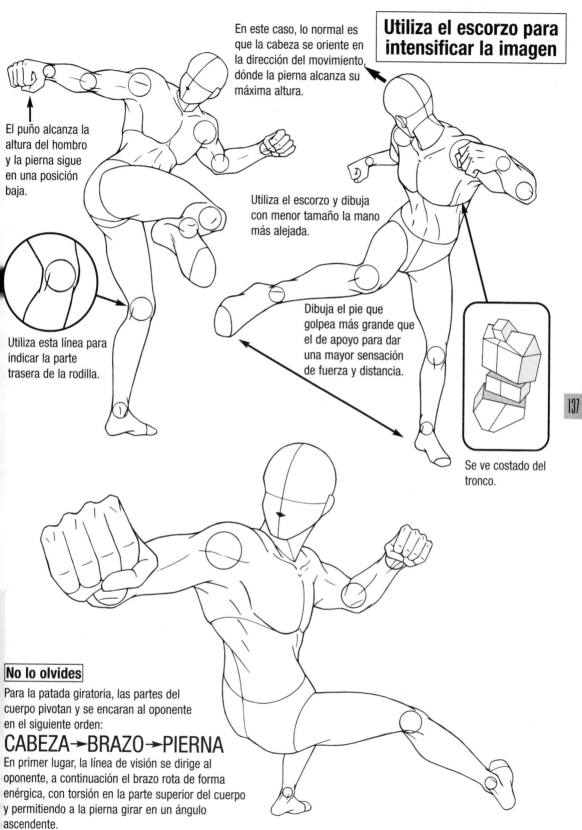

En este caso, lo normal es que la cabeza se oriente en la dirección del movimiento, dónde la pierna alcanza su máxima altura.

Utiliza el escorzo para intensificar la imagen

El puño alcanza la altura del hombro y la pierna sigue en una posición baja.

Utiliza el escorzo y dibuja con menor tamaño la mano más alejada.

Utiliza esta línea para indicar la parte trasera de la rodilla.

Dibuja el pie que golpea más grande que el de apoyo para dar una mayor sensación de fuerza y distancia.

Se ve costado del tronco.

No lo olvides

Para la patada giratoria, las partes del cuerpo pivotan y se encaran al oponente en el siguiente orden:

CABEZA → BRAZO → PIERNA

En primer lugar, la línea de visión se dirige al oponente, a continuación el brazo rota de forma enérgica, con torsión en la parte superior del cuerpo y permitiendo a la pierna girar en un ángulo ascendente.

Ax Kick | Forma básica

Los aficionados descubrieron este golpe gracias al K-1, un popular torneo donde se mezclan varias modalidades de artes marciales. Esta patada se realiza alzando el pie sobre la cabeza del oponente y golpeándole con el talón en una acción descendente. Las piernas, el pecho y el trasero se mueven en diferentes direcciones, contorsionando el cuerpo más de lo normal. Esto provoca que sea un movimiento difícil de dibujar.

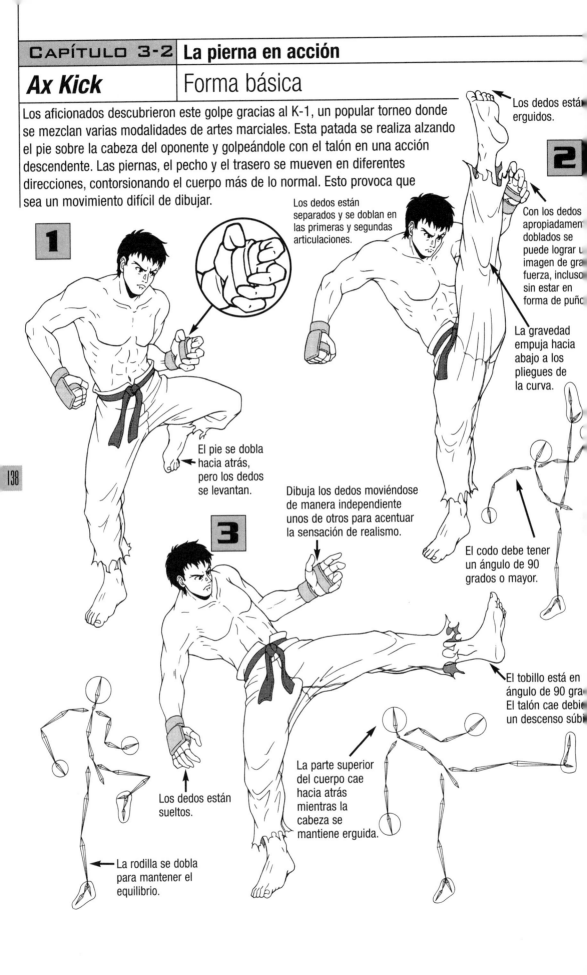

Los dedos está[n] erguidos.

2

Con los dedos apropiadamen[te] doblados se puede lograr u[na] imagen de gra[n] fuerza, incluso sin estar en forma de puñ[o]

La gravedad empuja hacia abajo a los pliegues de la curva.

Los dedos están separados y se doblan en las primeras y segundas articulaciones.

1

El pie se dobla hacia atrás, pero los dedos se levantan.

Dibuja los dedos moviéndose de manera independiente unos de otros para acentuar la sensación de realismo.

El codo debe tener un ángulo de 90 grados o mayor.

3

El tobillo está en ángulo de 90 gra[dos] El talón cae debi[do a] un descenso súb[ito]

La parte superior del cuerpo cae hacia atrás mientras la cabeza se mantiene erguida.

Los dedos están sueltos.

La rodilla se dobla para mantener el equilibrio.

1 El codo toca el costado.

2 El pecho y las caderas están orientados en diferentes direcciones.

Las piernas se separan formando una línea prácticamente recta.

3 La torsión desaparece debido a que el pecho y las caderas están enfocados en la misma dirección.

Vista frontal

1 La pierna se alza. La rodilla de la pierna que golpea está orientada hacia el interior. Las posiciones de las manos añaden un toque dramático a la imagen.

2 Fíjate en la axial. Hay una suave ondulación en el abdomen. Cuando la mano izquierda se dobla hacia atrás sus dedos se abren.

3 Los contornos se prolongan en el estómago. Utiliza el escorzo para mostrar un golpe aplastante.

139

Ax Kick | Vista trasera

Dibujar este movimiento desde atrás no es tarea fácil, pero es un efecto impresionante cuando lo consigues. Empieza con unos simples trazos y trabaja con esa base.

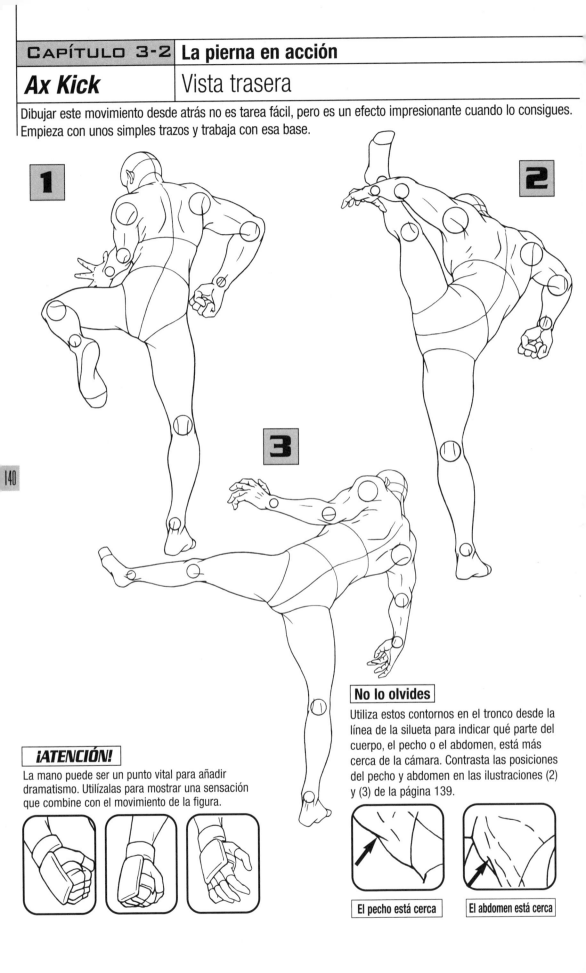

¡ATENCIÓN!

La mano puede ser un punto vital para añadir dramatismo. Utilízalas para mostrar una sensación que combine con el movimiento de la figura.

No lo olvides

Utiliza estos contornos en el tronco desde la línea de la silueta para indicar qué parte del cuerpo, el pecho o el abdomen, está más cerca de la cámara. Contrasta las posiciones del pecho y abdomen en las ilustraciones (2) y (3) de la página 139.

El pecho está cerca

El abdomen está cerca

Para su tercera ilustración, Matsumoto ha creado un simpático personaje vestido con un uniforme escolar de su invención. Matsumoto puso mucho empeño en las posiciones de los pliegues y las manos, produciendo una imagen muy satisfactoria. Muestra un buen estilo para la cabeza y cuerpo, pero la pose del personaje aún necesita pulirse.

Veamos qué parece este personaje en un modelo de cajas. Sin la expresión facial, la pose global de la figura no tiene nada que comunicar.

Con el brazo y la pierna del mismo lado destacados de esta manera, capta demasiada atención visual en la pantalla o la página.

Me parecía que las mangas de la chaqueta molestaban demasiado con el dibujo coloreado. Lo acabé cambiando por un chaleco.

Aquí, se ha trasladado el peso de la figura hacia el pie izquierdo y usé el pie derecho para agregar un toque alegre.

Presta atención al equilibrio entre derecha e izquierda cuando planifiques la composición.

Comparados con la figura en general, los pies parecen pequeños.

141

La falda pierde consistencia a menos que se le agregue algo más de espesor. Observa con atención cómo aparecen los pliegues.

La pierna está demasiado alejada. La figura podría perder el equilibrio.

Evita utilizar una línea recta para la rodilla. Ten en cuenta que debajo hay un hueso redondo.

Antes ➡ Después

3-3 | Ultra acción

Hay movimientos deslumbrantes que frecuentemente se dibujan en posiciones físicamente imposibles y otros que muestran el cuerpo en posiciones vistosas pero recargadas. Por lo general constituyen el momento culminante de una escena de acción, y se utilizan para momentos dramáticos o decisivos de la historia. La clave de estos movimientos se encuentra en un hábil equilibrio entre las manos y los pies y mostrando apropiadamente la torsión en el cuerpo.

Salto y puñetazo | Forma básica

En este movimiento, se efectúa un ataque dirigido a la cabeza del oponente mientras se está en el aire. Se trata de un movimiento muy fantasioso, que podemos ver habitualmente en los videojuegos.

Dibuja la muñeca en posición angulada para indicar una gran sensación de fuerza.

① Dando el puñetazo

Exagerando la forma en que se dobla esta línea conseguimos un detalle visual muy efectivo.

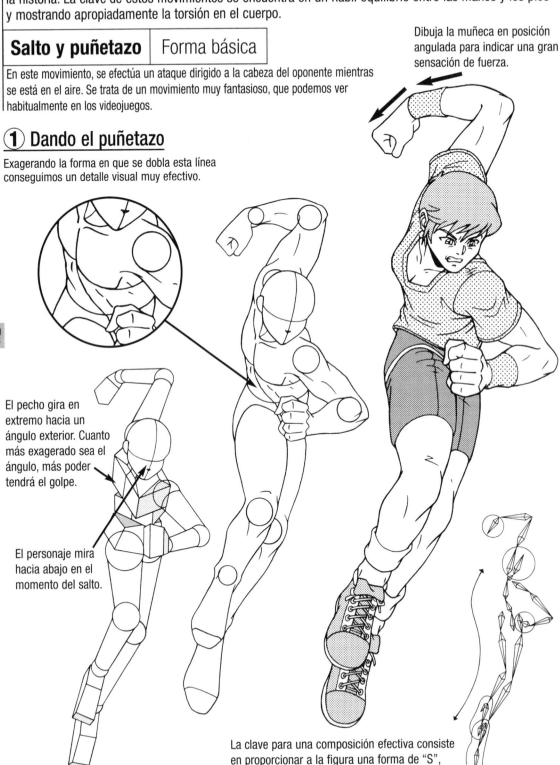

El pecho gira en extremo hacia un ángulo exterior. Cuanto más exagerado sea el ángulo, más poder tendrá el golpe.

El personaje mira hacia abajo en el momento del salto.

La clave para una composición efectiva consiste en proporcionar a la figura una forma de "S", expresando de esta manera la flexibilidad del cuerpo humano.

② El momento del ataque

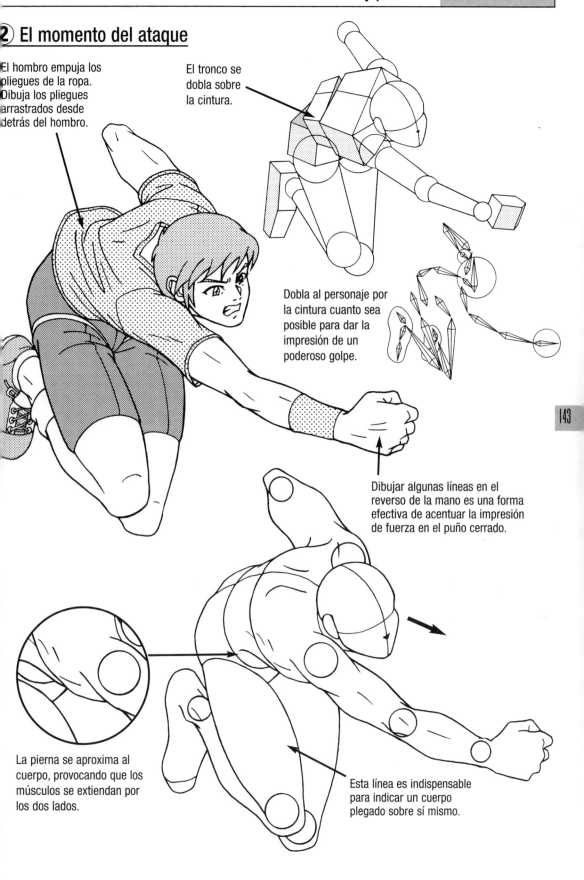

El hombro empuja los pliegues de la ropa. Dibuja los pliegues arrastrados desde detrás del hombro.

El tronco se dobla sobre la cintura.

Dobla al personaje por la cintura cuanto sea posible para dar la impresión de un poderoso golpe.

Dibujar algunas líneas en el reverso de la mano es una forma efectiva de acentuar la impresión de fuerza en el puño cerrado.

La pierna se aproxima al cuerpo, provocando que los músculos se extiendan por los dos lados.

Esta línea es indispensable para indicar un cuerpo plegado sobre sí mismo.

143

Salto y puñetazo | El momento del ataque

Recuerda que debes mostrar el puño que no golpea tan apretado como sea posible.

¡ATENCIÓN!

Debido a que el cuello gira para mirar directamente al oponente, la cabeza se ve desde un ángulo ascendente. Esto permite una vista de la parte inferior de la barbilla, por lo general no visible desde un ángulo normal.

Desde la cabeza hasta el pie se forma una ligera curva.

El contorno indica una curva en el abdomen.

La pierna se alza con las caderas.

Cuando el abdomen se contorsiona, las manos y los pies se vuelven hacia el interior.

Dibuja la pierna, situada en el mismo lado que el puño que golpea, cerca del cuerpo.

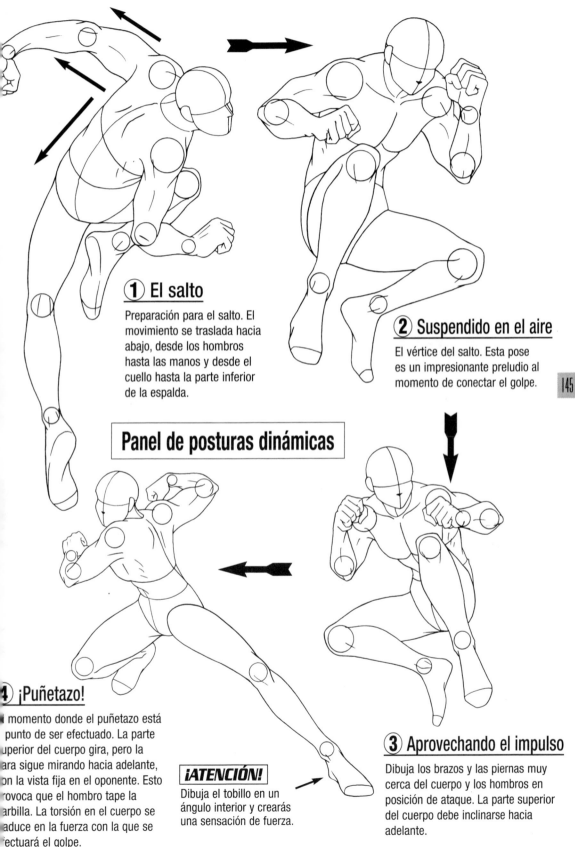

1 El salto

Preparación para el salto. El movimiento se traslada hacia abajo, desde los hombros hasta las manos y desde el cuello hasta la parte inferior de la espalda.

2 Suspendido en el aire

El vértice del salto. Esta pose es un impresionante preludio al momento de conectar el golpe.

145

Panel de posturas dinámicas

4 ¡Puñetazo!

momento donde el puñetazo está punto de ser efectuado. La parte uperior del cuerpo gira, pero la ara sigue mirando hacia adelante, on la vista fija en el oponente. Esto rovoca que el hombro tape la arbilla. La torsión en el cuerpo se aduce en la fuerza con la que se ectuará el golpe.

¡ATENCIÓN!

Dibuja el tobillo en un ángulo interior y crearás una sensación de fuerza.

3 Aprovechando el impulso

Dibuja los brazos y las piernas muy cerca del cuerpo y los hombros en posición de ataque. La parte superior del cuerpo debe inclinarse hacia adelante.

Voltereta con patada | Forma básica

La acción termina con una voltereta y patada tras efectuar el golpe y guarda una gran semejanza con el movimiento de chilena efectuado por los futbolistas. Se trata de una acción espectacular que puede utilizarse en momentos clave.

① La espalda contorsionada

¡ATENCIÓN!
Orienta las muñecas hacia dentro para añadir cierta tensión.

Un elegante arco aparece desde la cabeza hasta la punta del pie.

② El salto

Acentúa la sensación de velocidad mostrando cómo flota el pelo.

Los codos al mismo nivel y vueltos hacia el pecho.

Los codos están muy separados, hacia afuera y atrás.

Las rodillas dobladas y la parte inferior de la espalda hacia atrás.

En este punto, las muñecas están orientadas hacia dentro.

El pie en punta para indicar una mayor fuerza en el movimiento.

Esta acción requiere un salto invertido en línea recta, por ello no debe haber ninguna torsión en la vista lateral.

¡ATENCIÓN!
La pierna que golpea se encuentra en una posición retrasada y la rodilla muy doblada.

Los brazos caen antes que el cuerpo, mantén este ángulo muy abierto.

Muestra el pie apuntando en un ángulo ascendente por pequeño que sea. Te ayudará a reforzar la sensación de velocidad.

La espina dorsal se dobla hacia atrás mediante una pronunciada curva.

③ La patada

¡ATENCIÓN!
Para incrementar el movimiento circular de la figura, dibuja los codos con un ángulo de 90º o mayor.

Mantén la rodilla recta para acentuar la sensación de fuerza.

El codo izquierdo está oculto a la vista.

Los bloques parecen apilados entre sí.

④ El aterrizaje

Éste pie apunta hacia el suelo.

¡ATENCIÓN!
En esta figura doblada hacia adelante, el hombro tapa el cuello.

Este bloque se dobla hacia adelante, bloqueando el cuerpo por debajo de la cintura.

Los puños siguen cerrados. Las muñecas estaban orientadas hacia dentro anteriormente, y ahora hacia fuera. Esto crea una sensación natural de tensión en el cuerpo.

Los hombros están equidistantes al cuerpo para mantener el equilibrio.

Dibuja las rodillas flexionadas. Si cae al suelo con las rodillas rectas podría hacerse daño.

147

Voltereta con patada | Nuevos ángulos

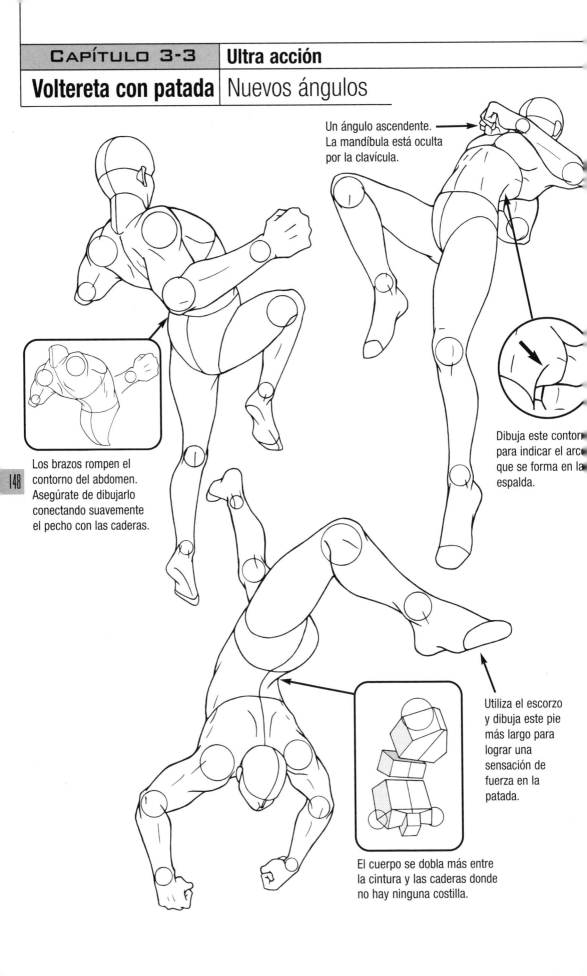

Un ángulo ascendente.
La mandíbula está oculta
por la clavícula.

Dibuja este contorn[...]
para indicar el arc[...]
que se forma en la[...]
espalda.

148

Los brazos rompen el
contorno del abdomen.
Asegúrate de dibujarlo
conectando suavemente
el pecho con las caderas.

Utiliza el escorzo
y dibuja este pie
más largo para
lograr una
sensación de
fuerza en la
patada.

El cuerpo se dobla más entre
la cintura y las caderas donde
no hay ninguna costilla.

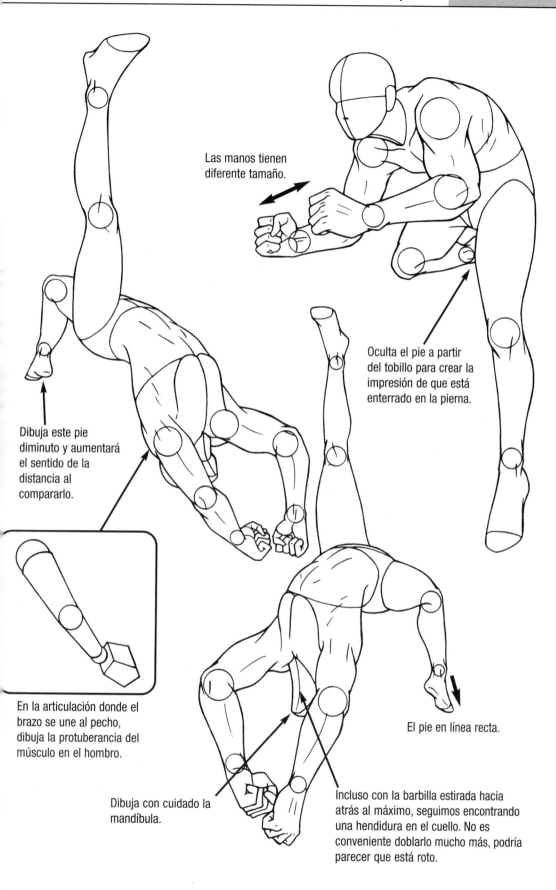

Las manos tienen diferente tamaño.

Oculta el pie a partir del tobillo para crear la impresión de que está enterrado en la pierna.

Dibuja este pie diminuto y aumentará el sentido de la distancia al compararlo.

En la articulación donde el brazo se une al pecho, dibuja la protuberancia del músculo en el hombro.

Dibuja con cuidado la mandíbula.

El pie en línea recta.

Incluso con la barbilla estirada hacia atrás al máximo, seguimos encontrando una hendidura en el cuello. No es conveniente doblarlo mucho más, podría parecer que está roto.

149

Barrido de piernas | Forma básica

Para este movimiento, en una posición agachada los pies realizan un barrido contra las piernas del oponente. Más que infligir daño, el objetivo consiste en derribar al oponente.

Los pantalones de ciclista se ajustan a su cuerpo, por eso los pliegues son representados como líneas rectas.

Dibuja la punta pie hacia el suel conseguirás una apariencia más natural.

Estos pliegues siguen las líneas de contorno que aparecen en el pecho del modelo de cajas de la página siguiente.

El tendón de Aquiles. Incluye algunas líneas para indicar tensión.

Aquí tenemos un pliegue clave.

En el caso de protagonistas femeninas, el plexo solar está prácticamente oculto por el pecho.

La cabeza se orienta en dirección a la patada, ocultando el rostro.

Dibuja el pie derecho, que está cerca del plano del dibujo, más grande. Los dedos del pie doblados hasta el límite.

La palma de la mano indica dónde está el suelo.

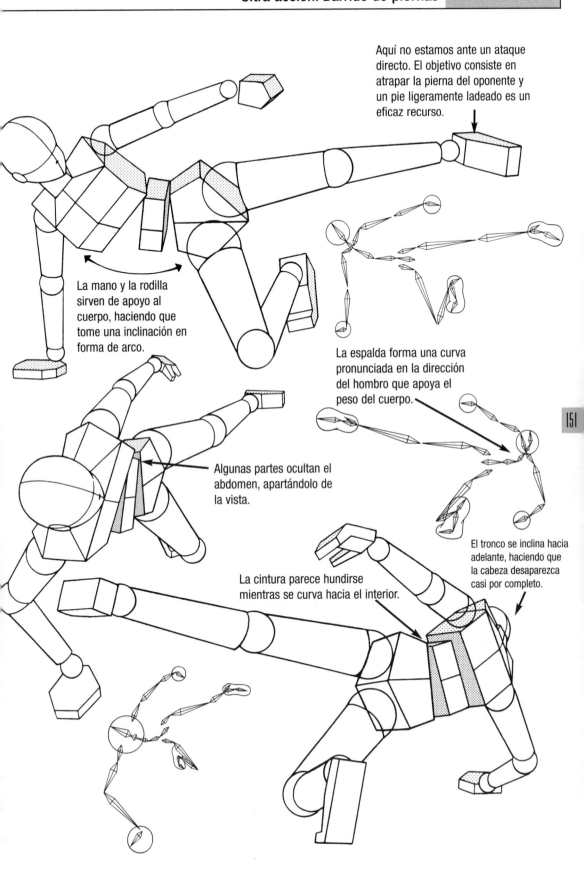

Aquí no estamos ante un ataque directo. El objetivo consiste en atrapar la pierna del oponente y un pie ligeramente ladeado es un eficaz recurso.

La mano y la rodilla sirven de apoyo al cuerpo, haciendo que tome una inclinación en forma de arco.

La espalda forma una curva pronunciada en la dirección del hombro que apoya el peso del cuerpo.

Algunas partes ocultan el abdomen, apartándolo de la vista.

El tronco se inclina hacia adelante, haciendo que la cabeza desaparezca casi por completo.

La cintura parece hundirse mientras se curva hacia el interior.

151

Barrido de piernas | Nuevos ángulos

Plano inferior

El hombro hacia abajo, no se ve.

El momento anterior al ejecutarse el barrido.

Recuerda que debes incluir un contorno que diferencie el hombro de la clavícula.

La rodilla y el muslo no son visibles.

Dibuja la zona donde el antebrazo tiene un gran perímetro.

La sensación de movimiento en rotación desaparecería sin este arco.

Plano superior

Desde abaj

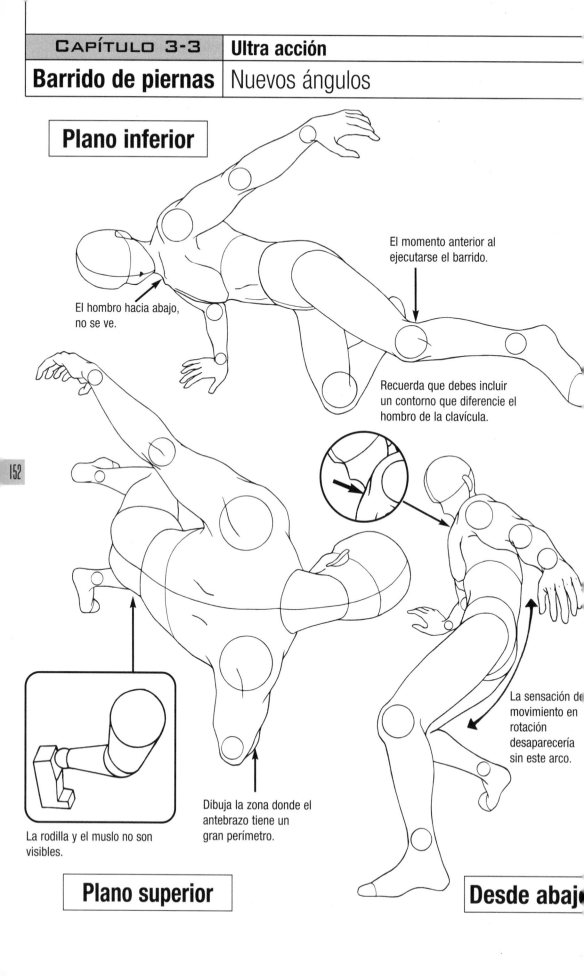

Escorzo extremo

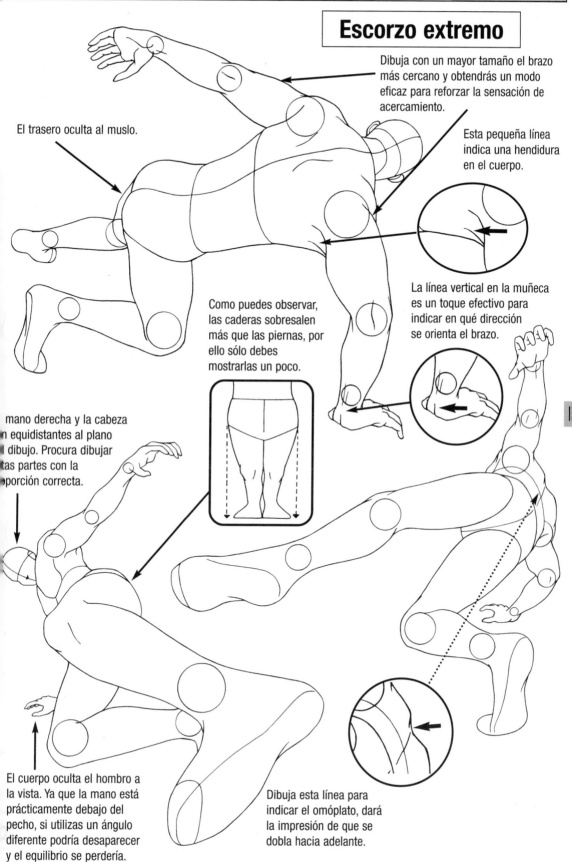

Dibuja con un mayor tamaño el brazo más cercano y obtendrás un modo eficaz para reforzar la sensación de acercamiento.

El trasero oculta al muslo.

Esta pequeña línea indica una hendidura en el cuerpo.

La línea vertical en la muñeca es un toque efectivo para indicar en qué dirección se orienta el brazo.

Como puedes observar, las caderas sobresalen más que las piernas, por ello sólo debes mostrarlas un poco.

mano derecha y la cabeza n equidistantes al plano l dibujo. Procura dibujar tas partes con la porción correcta.

El cuerpo oculta el hombro a la vista. Ya que la mano está prácticamente debajo del pecho, si utilizas un ángulo diferente podría desaparecer y el equilibrio se perdería.

Dibuja esta línea para indicar el omóplato, dará la impresión de que se dobla hacia adelante.

153

Resbalar | Forma básica

Aquí tenemos un movimiento muy utilizado en el fútbol y el béisbol. En la animación y los videojuegos se utiliza como un golpe realizado cuando el personaje toma impulso tras una carrerilla y se desliza hasta alcanzar el pie del oponente.

No dibujes la silueta de la pierna como una línea continua que rodea la rodilla. Intenta conseguir una sensación de redondez con el contorno de la rodilla.

Mal

154

Dibuja esta línea para conseguir un doble efecto, reforzarás la sensación de fuerza y darás al abdomen una apariencia tridimensional.

Esta línea indica el volumen del tronco.

En el interior de la manga debes incluir algunos pliegues.

Necesitarás modificar este contorno interior dependiendo de lo doblado que esté el codo.

El escorzo provoca que el tobillo aparezca con la misma anchura que la pantorrilla.

Practica dibujando el dobladillo de la camisa para seguir la silueta del modelo de cajas.

La rodilla izquierda está muy flexionada, la derecha más grande.

Dibuja el pulgar fuera del puño. Acentúa la sensación de fuerza utilizando la protuberancia de la palma de la mano.

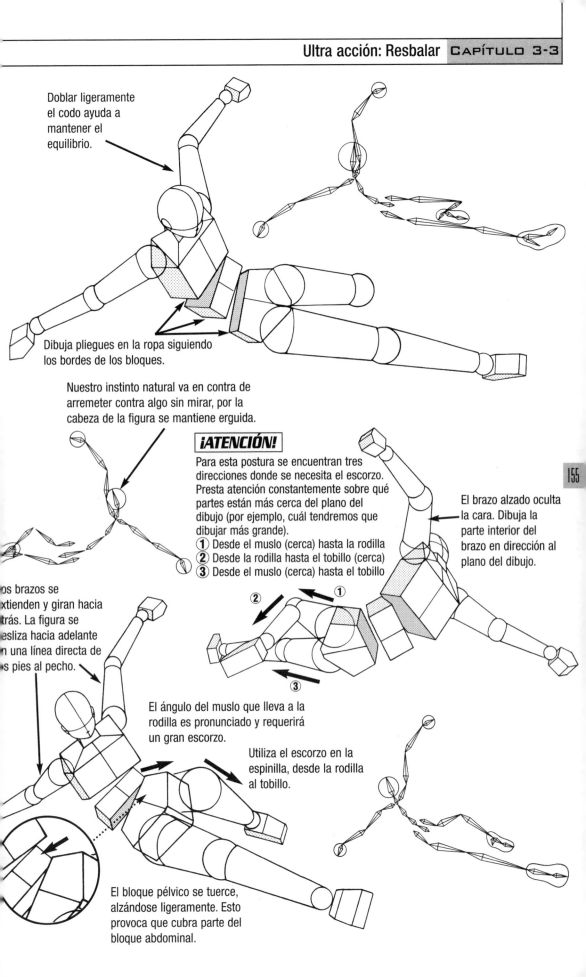

Doblar ligeramente el codo ayuda a mantener el equilibrio.

Dibuja pliegues en la ropa siguiendo los bordes de los bloques.

Nuestro instinto natural va en contra de arremeter contra algo sin mirar, por la cabeza de la figura se mantiene erguida.

¡ATENCIÓN!

Para esta postura se encuentran tres direcciones donde se necesita el escorzo. Presta atención constantemente sobre qué partes están más cerca del plano del dibujo (por ejemplo, cuál tendremos que dibujar más grande).

① Desde el muslo (cerca) hasta la rodilla
② Desde la rodilla hasta el tobillo (cerca)
③ Desde el muslo (cerca) hasta el tobillo

El brazo alzado oculta la cara. Dibuja la parte interior del brazo en dirección al plano del dibujo.

os brazos se xtienden y giran hacia trás. La figura se esliza hacia adelante n una línea directa de s pies al pecho.

El ángulo del muslo que lleva a la rodilla es pronunciado y requerirá un gran escorzo.

Utiliza el escorzo en la espinilla, desde la rodilla al tobillo.

El bloque pélvico se tuerce, alzándose ligeramente. Esto provoca que cubra parte del bloque abdominal.

155

Plano superior

Revisa si debe haber torsión en la línea axial, en especial por el área del ombligo.

El contorno del codo sale hacia fuera y vuelve a hundirse a continuación.

Desde esta perspectiva, el abdomen desaparece casi por completo.

Si exageras la protuberancia del omóplato obtendrás una imagen con mucha fuerza.

Para los personajes femeninos, procura no destacar demasiado este hueso.

No lo olvides

Asegúrate de utilizar diferentes contornos para definir los músculos de las áreas donde sólo aparezca el hueso justo debajo la piel, como el omoplato y el codo.

Plano inferior

Utiliza el escorzo y dibuja los pies con tamaños exageradamente diferentes.

Para indicar el músculo, dibuja el contorno penetrando en el brazo.

Fíjate en la línea del contorno, penetra en el brazo justo aquí.

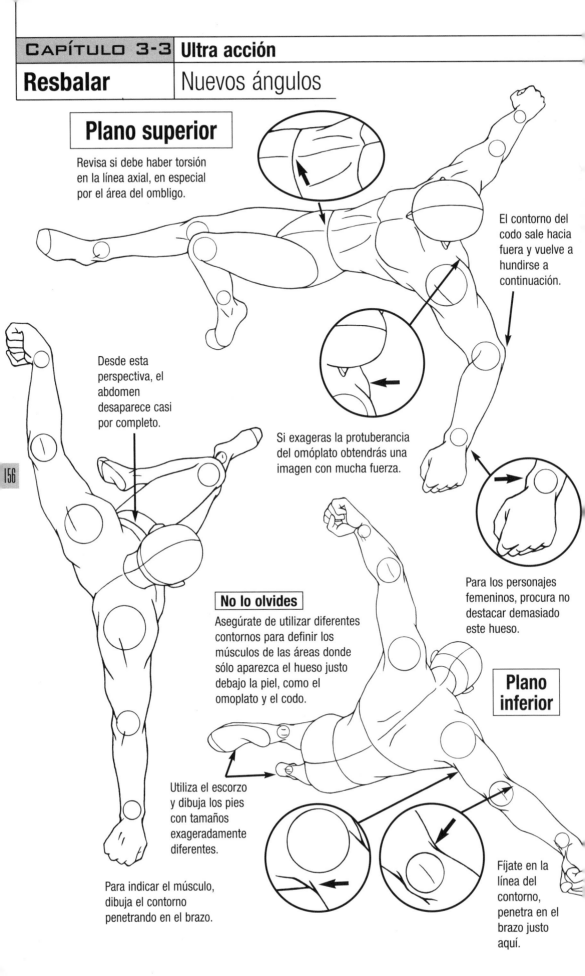

Escorzo extremo

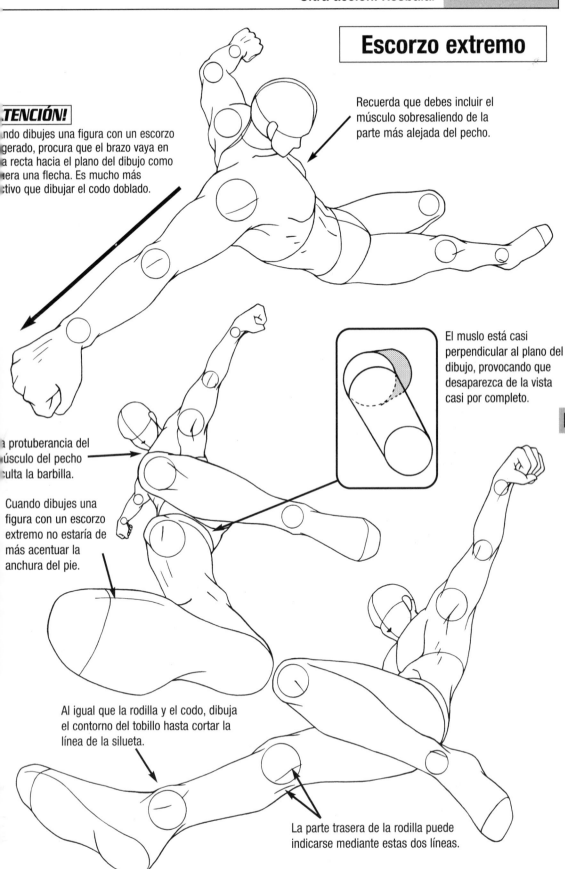

Recuerda que debes incluir el músculo sobresaliendo de la parte más alejada del pecho.

ndo dibujes una figura con un escorzo gerado, procura que el brazo vaya en a recta hacia el plano del dibujo como era una flecha. Es mucho más ctivo que dibujar el codo doblado.

El muslo está casi perpendicular al plano del dibujo, provocando que desaparezca de la vista casi por completo.

a protuberancia del úsculo del pecho culta la barbilla.

Cuando dibujes una figura con un escorzo extremo no estaría de más acentuar la anchura del pie.

Al igual que la rodilla y el codo, dibuja el contorno del tobillo hasta cortar la línea de la silueta.

La parte trasera de la rodilla puede indicarse mediante estas dos líneas.

Salto y patada | Forma básica

Ideal para utilizar en un momento culminante donde un personaje se lanza hacia otro propinando un impresionante puntapié. Este movimiento se ejecuta corriendo y utilizando la fuerza del impulso para dar un salto con el que efectuará el golpe contra el pecho o la cara del oponente.

Esta línea acentúa la sensación de la parte doblada indicando que el cuerpo se inclina como si fuera un arco.

Piensa un rato sobre qué parte efectuará el golpe. En mi dibujo, ella ataca mediante el lateral de su pie, balanceándose de esta manera.

El muslo desaparece desde esta perspectiva.

¡ATENCIÓN!

Utiliza un modelo de cajas para estudiar la espalda, que simultáneamente se encorva y se tuerce.

Esta línea es necesaria para distinguir la separación del bloque abdominal inclinándose hacia las caderas.

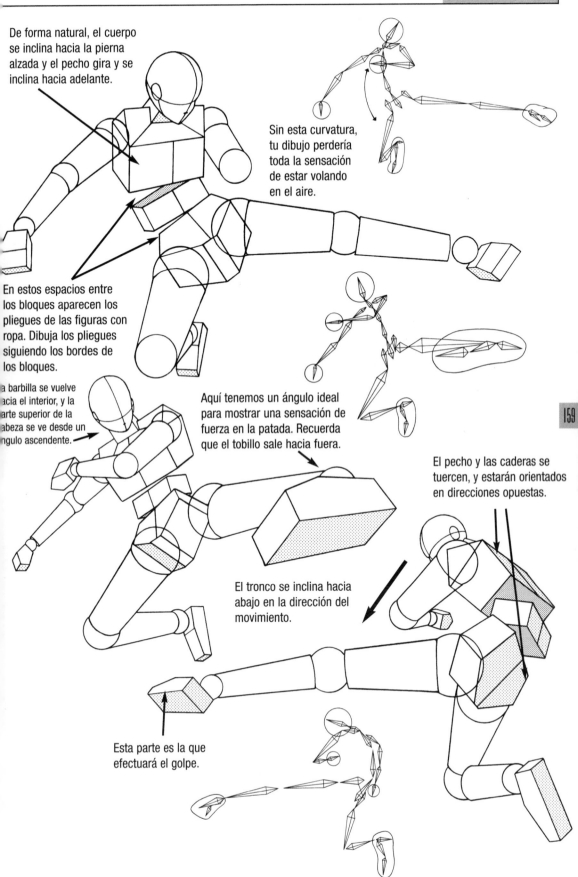

De forma natural, el cuerpo se inclina hacia la pierna alzada y el pecho gira y se inclina hacia adelante.

Sin esta curvatura, tu dibujo perdería toda la sensación de estar volando en el aire.

En estos espacios entre los bloques aparecen los pliegues de las figuras con ropa. Dibuja los pliegues siguiendo los bordes de los bloques.

La barbilla se vuelve hacia el interior, y la parte superior de la cabeza se ve desde un ángulo ascendente.

Aquí tenemos un ángulo ideal para mostrar una sensación de fuerza en la patada. Recuerda que el tobillo sale hacia fuera.

El pecho y las caderas se tuercen, y estarán orientados en direcciones opuestas.

El tronco se inclina hacia abajo en la dirección del movimiento.

Esta parte es la que efectuará el golpe.

159

Salto y patada | Perspectiva con escorzo

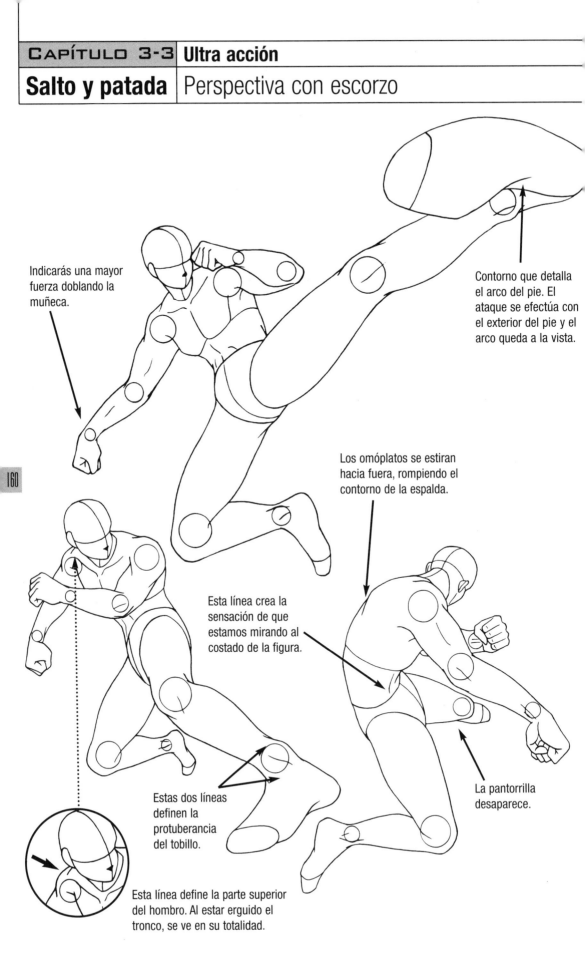

Indicarás una mayor fuerza doblando la muñeca.

Contorno que detalla el arco del pie. El ataque se efectúa con el exterior del pie y el arco queda a la vista.

Los omóplatos se estiran hacia fuera, rompiendo el contorno de la espalda.

Esta línea crea la sensación de que estamos mirando al costado de la figura.

La pantorrilla desaparece.

Estas dos líneas definen la protuberancia del tobillo.

Esta línea define la parte superior del hombro. Al estar erguido el tronco, se ve en su totalidad.

160

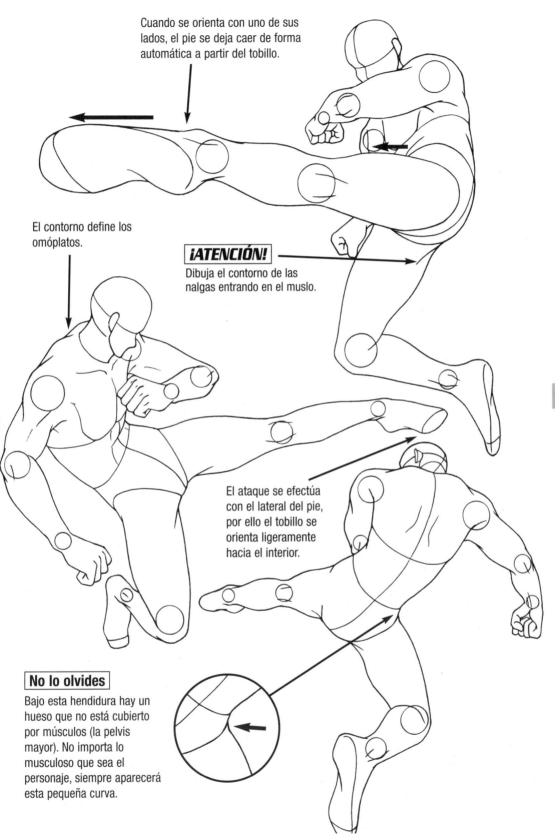

Cuando se orienta con uno de sus lados, el pie se deja caer de forma automática a partir del tobillo.

El contorno define los omóplatos.

¡ATENCIÓN!
Dibuja el contorno de las nalgas entrando en el muslo.

El ataque se efectúa con el lateral del pie, por ello el tobillo se orienta ligeramente hacia el interior.

No lo olvides
Bajo esta hendidura hay un hueso que no está cubierto por músculos (la pelvis mayor). No importa lo musculoso que sea el personaje, siempre aparecerá esta pequeña curva.

Los consejos de una joven artista

Chihiro Inoue

Chihiro Inoue nació en Shizuoka y estudió diseño gráfico. En la actualidad, trabaja como diseñadora de videojuegos para una empresa que ha creado títulos muy conocidos.

Hay muchísimos videojuegos, a cual más sofisticado. Yo les presto atención a todos, pero me centro en mis proyectos, que son los juegos con gráficos de 16 colores. Parece que no sean mucho, pero yo me lo paso muy bien.

Mi puesto oficial es diseñar gráficos, pero hay tanta diversidad de cargos y trabajos en el proceso de dibujar para videojuegos que resulta difícil decidir qué es lo que quieres hacer.

Me gustaría hacer algún logotipo. Me atrae la idea de dibujar un logo enorme... pero no es cosa fácil hoy en día.

A mí lo que me gusta es dibujar, y es lo que me satisface. A veces me aparto y miro el trabajo de los demás... para un dibujante es más gratificante ver cómo otro profesional disfruta de su trabajo que oír los elogios de otras personas al respecto.

Opino que trabajar para el entretenimiento de los demás implica estar al corriente de qué otras ofertas hay en el sector. Pero también requiere energía e imaginación para crear cosas nuevas que no se hayan hecho ya.

Yo espero seguir creando como hasta ahora, pero también me gustaría poder hacer las tres comidas diarias a pesar de todo.

Los profesionales más cotizados del momento, que no paran de producir películas y juegos de animación, responden de manera abierta y franca a nuestras preguntas sobre lo que es trabajar en este campo. En este número os ofrecemos una entrevista con Eiko Tanaka, presidenta y matriarca de Studio 4°C, estudio que cuenta con el ilustre director de animación de *Akira,* Koji Morimoto, y que presume de trabajar únicamente con la flor y nata de los creadores nipones de animación más actuales.

Studio 4°C

• Acerca del Studio 4°C

P: Rara vez llega a oídos del público en general algún dato sobre, por ejemplo, qué artistas trabajan con Studio 4°C o qué proyectos está llevando a cabo. ¿Qué tipo de empresa es Studio 4°C?

R: Creo que la mejor forma de definir a Studio 4°C sería utilizando el término de "taller".

Generalmente, hay todo un sistema implicado en la producción de animación. Cada tipo de animación, como la creada para televisión, para cine, o para OVA (del inglés *Original Video Animation:* animación creada únicamente para su distribución en vídeo), tiene su propio sistema de producción y por ello el trabajo a realizar se fija de acuerdo con éste. El programa de trabajo correspondiente a la producción ya está fijado, y el personal necesario contratado y colocado en el puesto que les ha sido asignado. Consecuentemente, las empresas que trabajan con este tipo de proceso de producción pueden permitirse el lujo de cumplir sus plazos de entrega (risas). Sin embargo, en nuestro caso, pienso que la mayoría de veces comenzamos a planear nuestros proyectos desde una etapa inicial en la que decidimos qué vamos a crear y qué tipo de equipo necesitamos para producirlo, y es entonces cuando lo contratamos. Nosotros no limitamos el trabajo de nuestros más que competentes colaboradores con un simple "a ti te toca esto". Por el contrario, nuestra actitud tiende más al "Bueno, si eres capaz de hacer esto, eso y lo otro, ¿cuándo te pones a ello?". Somos algo así como un "taller" en el que tanto la composición de la plantilla como el programa de trabajo están confeccionados en función de un proyecto en concreto que nos interesa producir y que nos divierte.

P: Hay un número determinado de artistas que trabajan para Studio 4°C, pero ¿tiene Studio 4°C colaboradores fijos, en nómina?

R: Parte de nuestro equipo de producción y de animación, al igual que la inmensa mayoría de nuestro personal de diseño con ordenador es permanente. El equipo creativo (directores, diseñadores de personajes, etc.) suele ser más fluido.

P: ¿Qué le llevó a crear Studio 4°C?

R: Yo formaba parte del equipo de producción de *Mi vecino Totoro* de Studio Ghibli. Estuve montando un grupo para trabajar en el proyecto de *Totoro,* pero en el mismo momento en que este trabajo llegaba a su fin se me pidió que colaborase en *Akira,* que corría el peligro de no estar terminada para el día del estreno (risas). En aquel momento, como ya habíamos acabado con *La tumba de las luciérnagas* [la producción de ambos *Tonari no Totoro* y *Hotaru no Haka* terminó más o menos al mismo tiempo], invité al equipo a que se uniese al estudio de *Akira* para colaborar en el proyecto. Entonces, cuando terminó *Akira,* comenzó un nuevo trabajo, *Nicky, la aprendiz de bruja,* y tuve que reunir de nuevo a todo el mundo para empezar con ello (sonrisa).

Y así es como se formó el equipo, para trabajar en *Nicky, Totoro, Akira* y *La Tumba de las Luciérnagas.* Según el sistema de Studio Ghibli, el equipo se disolvía en el momento en que un proyecto concreto llegaba a su fin. En otras palabras, todas estas personas que rebosaban talento debían separarse sólo porque el trabajo había concluido.

Sin embargo, por aquel entonces no había casi proyectos pensados para el cine y era bastante difícil que te aceptasen en un estudio de animación. En mi caso, después de *Nicky* sufrí tres úlceras (risas) y tuve que quedarme en casa y recuperarme. Y fue en este tiempo cuando recibí una llamada de Koji Morimoto y de Yoshiharu Sato, directores de animación de *Akira* y *Totoro* respectivamente, que me comentaron que no tenían con quien trabajar y me propusieron que crease un estudio para colaborar con ellos. Yo les conté que estaba enferma por culpa del exceso de trabajo, pero hicieron que me recuperase cuando me dijeron "Queremos un harén. Queremos un sitio donde podamos conocer nenas" (risas). Ése fue el tono general de la conversación. La camaradería surgió de manera natural entre nosotros.

Lo primero que hicimos después de tener a todo el personal reunido y la nueva empresa en marcha fue irnos de viaje con Ozawa, el autor de este número (risas). Llegado diciembre, nos juntamos todos a comer, todo el mundo trajo algo y estuvimos hasta el amanecer contando historias de ovnis. Nadie se entrometía en el trabajo del compañero, siempre nos hemos dedicado cada uno a lo suyo. Y a pesar de la petición de Morimoto y Sato de "un sitio donde conocer nenas" terminamos montando un estudio en el que predomina una mayoría de varones, así que no tardaron en expresar sus quejas... "¿Pero qué pasa aquí? ¡Si sólo hay tíos!" (risas).

P: ¿Qué tipo de gente constituye el personal de su empresa?

R: Ahora he llegado a comprender a qué se referían Morimoto y Sato al hablar de "harén". La gente del estudio son personas con las que te apetece compartir tu tiempo. Aunque tengas mucho trabajo y termines absolutamente agotado, después siempre te quedan fuerzas para salir de copas con los amigos. Cuando todo el mundo se lleva tan bien, los compañeros comparten tus problemas y tu trabajo y por eso siempre ven las cosas desde tu mismo punto creativo. Es por eso por lo que trabajamos tan bien juntos y somos un equipo tan eficaz y unido. Ésta es la mentalidad que predomina en el estudio. Cuando la cosa se complica nadie se va a casa en una semana. Trabajamos hasta que ya no podemos más y nos dormimos y después nos despertamos y seguimos trabajando hasta que ya no podemos más y nos dormimos, y así una y otra vez (risas). Básicamente, no estamos allí actuando como

La brillante y enérgica Eiko Tanaka, presidenta y matriarca de Studio 4°C

un sistema determinado, sino que somos un grupo de personas reunidas para trabajar en algo creativo que nos interesa a todos. A ese respecto, hacemos lo posible para mantener el número de integrantes lo más restringido posible. También solemos poner en común nuestros proyectos individuales. Por ahora, no contratamos a más gente para el estudio. Por otro lado, si estableciésemos unas normas o un sistema determinado que se ajustase a las necesidades de Studio 4°C, entonces, quizás, expandiríamos la empresa, pero no es muy factible.

P: El trabajo que produce su estudio es extremadamente sofisticado. ¿Cuál es el procedimiento de Studio 4°C?

R: Todo el mundo en esta industria tiene talento. Todo el mundo es capaz de producir un trabajo de alta calidad. Por eso resulta tan difícil conseguir una oportunidad para demostrar lo que uno vale.

En la industria del anime, a día de hoy, se obtienen unos beneficios que más o menos te dan lo justo para vivir. Por ejemplo, los costes locales de producción para series de TV son aproximadamente los mismos que había hace 20 años. Esta cantidad debe cubrir tanto la manutención del personal como los gastos de producción del episodio. Entonces, por ejemplo, un episodio debe tener un mínimo de 3.000 fotogramas para que se ajuste a un espacio de tiempo de 22 minutos. Esto significa que el proyecto que se nos ha encargado ha de ser de 3.000 fotogramas. El tiempo necesario para este proyecto en términos de costes laborales es de unos tres meses, calculando desde la etapa de la creación de los escenarios hasta tenerlo todo montado. Se debe definir claramente quién se encargará de cada parte durante este período de tiempo. Lo ideal sería que pudiésemos dedicarle más tiempo y que se nos permitiese producir más fotogramas para conseguir un trabajo de mayor calidad, pero si se nos dice que el presupuesto sólo cubre los 3.000 fotogramas, entonces eso es todo lo que podemos hacer. Y sin olvidar que estamos trabajando con tarifas idénticas a las de hace 20 años.

En Studio 4°C intentamos embarcarnos en proyectos temporales que no nos limiten tanto. Por ejemplo, hace poco produjimos 800 fotogramas para un fragmento de 25 segundos de *Eikyu Kazoku (Eternal Family)*, una serie de 53 episodios. En otras palabras, esto significa 32 fotogramas de animación por segundo. Volviendo al tema de las series de TV, comentaba que para un episodio de 22 minutos se usan 3.000 fotogramas, pues traducido son unos 2 ó 3 tristes fotogramas por segundo. El producto final es totalmente diferente. Pero, calculando los presupuestos de ambos productos individualmente de acuerdo con el número de fotogramas, ambos terminan costando lo mismo (risas).

P: ¿Hay mucho excéntrico entre los animadores?

R: La gente creativa tiene un talento más que confirmado. Si tuvieses que evaluar este talento no le darías el adjetivo de "excéntrico" sino más bien te referirías a él como "fabuloso". En el contexto de los componentes de la plantilla, podrían parecer "excéntricos", pero esta gente necesita un entorno que les permita

hacer alarde de sus talentos. Cuando les consideramos desde este punto de vista, no parecen "excéntricos" en absoluto. Si hay un atisbo entre las ideas que esta persona expresa que nos permita crear algo, entonces esta persona tiene genio. La cuestión en realidad es si el entorno es el adecuado para que la producción pueda hacerse. Hay algunos animadores que tienen sus cosas con el tema de la higiene, pero en cuanto se ponen a trabajar con nosotros les da por la limpieza y el orden (risas). Algunos de estos chicos vienen con las uñas más negras que el tizón y con el pelo que parece que se acaban de levantar, pero en general, en menos de un mes, vienen con el pelo arreglado y la ropa limpia. Te preguntarás por qué. No sé, no les sometemos a juicio ni nada (sonrisa).

P: ¿Por qué no se intenta de manera activa ampliar la plantilla de Studio 4°C para ampliar la empresa?

R: La pregunta es si se podría mantener el tipo de relación interpersonal que tenemos unos con otros en el estudio y si todos los miembros del equipo compartirían este punto de vista en el caso de que nos expandiéramos (sonrisa). Cuanto más grande sea la empresa, más difícil será tener la certeza de que las normas y el sistema marchan como deben. Con el tamaño actual, la compañía puede funcionar basándose en la confianza mutua. Si tuviésemos el tamaño de otras empresas posiblemente ya habríamos quebrado. Con la infraestructura que tenemos ahora, si Koji Morimoto dijese "Es posible que no nos dé tiempo a terminar en el plazo fijado", todo el mundo se pondría a trabajar sin descanso para tenerlo terminado antes de la última semana, echando sueñecitos de 30 minutos, sin salir a comer fuera, picoteando nada más que snacks de chocolate, y haciendo todo lo posible para sacar el proyecto adelante. Esto es algo que todos comprenden tácitamente. Todos hacemos lo que está dentro de nuestras posibilidades. Una vez el director termina su parte, todo el mundo se pone las pilas y termina lo que le falta. El equipo actúa como una unidad. Somos una máquina que funciona perfectamente. Quizás al público en general les parezcamos unos excéntricos pero ¿no se lo parecemos siempre? (risas).

P: ¿Es intencionado que todos los trabajos de Studio 4°C tengan la misma atmósfera de luz escasa y ese uso del color tan poco frecuente?

R: Bueno, eso es algo así como una reacción resultante del cambio que ha vivido la industria, que ha pasado de la animación con acetatos a la animación digital. Los colores estaban muy limitados, así que ahora se nos ha dado rienda suelta. Con pintura no se utilizan ni 1.000 pigmentos diferentes en una pieza cinemática. Si tuvieses que distinguir entre los pigmentos que se utilizan en una película, incluso utilizando tonalidades especiales, aun así no sumarían más que 1.000 ó 1.200. La pintura conlleva tener unos tarritos alineados en tu escritorio, y sólo caben 100 pigmentos por mesa. Y ahí estás tú, que se supone que tienes que abrir cada uno de los botes para aplicar la pintura. ¡Pues intenta hacerlo con 1.000 colores! (risas). Tu escritorio estaría desbordado de tanto botecito y serías incapaz de volver a pintar nada. Sin embargo, ahora tenemos

Cada fotograma se escanea
individualmente para crear una
imagen en movimiento.

36.000 pigmentos (el número de pigmentos disponibles en la animación por ordenador). Somos como niños en una tienda de caramelos (risas), usando todos los colores que podemos. Crear una imagen de pantalla con poca luz sólo con pigmentos era imposible con pintura. Lo único que puedes utilizar son los degradados más oscuros de los colores primarios, ¿verdad? Por eso teníamos tantas ganas de cambiar a CG.

Incluso la iluminación era una tarea tecnológicamente compleja con limitaciones para el programa fotográfico, para la creación de efectos utilizando acetatos y, especialmente, para la composición óptica (la combinación óptica de objetos individuales fotografiados con una misma película). Incluso cuando estabas calculando las perspectivas, la gente de tu alrededor te protestaban "No te compliques mucho". Ahora, desde que utilizamos el 3D PathMap, la gente comenta "¡Mira qué fácil que es hacer esto!" (risas).

Ahora que tenemos este juguete digital que hace posibles todas estas barbaridades, tenemos que probarlo todo (risas). Y si lo que quieres es hacer una película colorida llena de estridencias para crear un mundo brillante y alegre también puedes hacerlo con la tecnología digital, porque te permite seleccionar tanto el pigmento como la iluminación de acuerdo a tus necesidades o las de tu imagen. Si la imagen está muy estilizada, podemos hacer caso omiso de la iluminación, mientras que si se supone que debe ser realista o parecer que se ha creado con película fotográfica, entonces se realza.

P: Cuando trabajan con Studio 4°C colaboradores externos a su equipo, ¿es porque son personas que se relacionan con los miembros del equipo diariamente o es porque usted ha visto su trabajo, lo ha valorado y piensa que le gustaría que trabajasen para Studio 4°C?

R: Las dos cosas. Es pura intuición lo que nos reúne a todos. Hay gente ahí fuera que quiere probar cosas nuevas. Nosotros, por nuestra parte, siempre estamos buscando a gente que se salga de lo corriente y quiera hacer algo nuevo. Y claro, acabamos juntándonos.

P: ¿Han rechazado alguna vez a un externo? ¿Están buscando algo en concreto, algo específico?

R: Bueno, básicamente no rechazamos a nadie, pero hay colaboradores con los que no volvemos a trabajar. Esto sucede pocas veces, pero hace poco nos pasó con una persona.

P: ¿Hay alguien con quien no pueda trabajar en equipo de ninguna de las maneras?

R: Bueno, si hay alguien que no actúa de manera responsable con su trabajo, prescindo totalmente de volver a colaborar con él o ella. Los miembros de la plantilla del estudio tienden a formar equipos con quien consideran oportuno para cada proyecto. Todo el mundo, producción, animación, CD, están todo el tiempo tanteando el terreno para saber quién hace qué trabajo. Si haces algo irresponsable,

nadie querrá trabajar contigo y, la próxima vez que se forme el equipo, te quedarás fuera. Pero a los trabajadores irresponsables tampoco les importa mucho (risas). Si les dices "Gracias a ti tenemos que repetir una toma", ellos te contestarán "Estoy cansado. Necesito un descansito" (risas). Pero entonces, cuando vuelven, se dan cuenta de que ya no tienen que trabajar más.

P: ¿Han terminado ya *Digital Juice?*

R: Algunos ya han terminado, pero otros siguen trabajando en ello (risas). Al tratarse de un proyecto para DVD a cada artista se le asignaron tres minutos, así que tuvimos que contar con unos diez artistas a la vez.

En principio pensamos terminar este proyecto antes de que acabara el año, pero ahora nos gustaría continuar con él. Ya tenemos cinco episodios casi terminados en lo que a animación se refiere que se proyectaron en el Festival Internacional de Cine Fantástico de Yubari.

Últimamente no se ve mucho cine experimental, ¿verdad? Queríamos utilizar este proyecto para jugar un poco y ver lo que éramos capaces de producir digitalmente, por eso vamos a seguir con él un poco más (risas).

P: ¿Por qué se inclinaron por el cine experimental?

R: Hay muchísima gente que tiene ideas que le gustaría llevar a cabo, pero necesitan un presupuesto adecuado, conocimientos, experiencia, destreza, personal capacitado y otras cosas por el estilo. Una simple película de tres minutos de duración puede costar entre 12 y 18 millones de yenes (entre 100 mil y 150 mil euros). Si a los creadores se les ofreciese este presupuesto les daría una gran alegría porque un proyecto experimental es, fundamentalmente, un trabajo que pueden prolongar y rellenar al detalle.

En Studio 4°C trabajamos con varios proyectos al mismo tiempo y en nuestros ratos libres entre proyectos intentamos trabajar en cortos experimentales.

P: Recientemente han colaborado en un vídeo musical del grupo Glay, ¿qué experiencia supone trabajar en el mundo de la música?

R: Sí, se trata de uno de nuestros últimos trabajos y es muy diferente de estar concentrado en un proyecto de animación de los que estamos acostumbrados a emprender. Koji Morimoto no lo tenía muy claro al principio. Y a decir verdad, ahora comprendo el por qué, fue un trabajo muy duro. No es lo mismo coordinar una banda sonora para una de tus películas de anime que trabajar en un proyecto musical donde no tienes prácticamente ningún control. Pero al final, Morimoto aceptó el encargo y dirigió el vídeo musical de la canción *Survival.*

En realidad no era el primer video clip en el que trabajamos, teníamos experiencia con *Four Day Weekend* del grupo The Bluetons y *Extra* del músico Ken Ishii. De esta última canción

Un animador tan concentrado en su trabajo que no parece notar la cámara.

tenemos un buen recuerdo, porque sabemos que se ha emitido en los Estados Unidos y en varios países de Europa.

Volviendo a *Survival*, fue una experiencia muy interesante a pesar de todo. Glay es uno de los grupos más importantes de música pop en Japón y la promoción del vídeo fue impresionante. Además, contamos con un presupuesto más alto de lo habitual que nos permitió crear una animación de más calidad.

P: Háblenos sobre *Metropolis*.

R: *Metropolis* es una obra excelente. Estamos muy orgullosos de que se nos permitiese también participar en las partes en 3D. Cuando vimos el animatic (fotogramas fijos del trabajo que se está realizando), nuestra reacción fue "Definitivamente, Japón es capaz de producir un material extraordinario". ¡Ándate con ojo, Disney! (risas). Bueno, al fin y al cabo, Osamu Tezuka tenía en mente la repercusión de Disney al concebir "el mundo de Tezuka Osamu". Los estudios Madhouse colaboraron en la creación de *Metropolis*.

• Informática y animación

P: ¿En qué momento empezó Studio 4ºC a utilizar animación generada por ordenador?

R: Más o menos cuando empezamos a trabajar en *Memories*, escrita y dirigida por Katsuhiro Otomo. Creo recordar que el primero en sugerirlo fue Koji Morimoto. Hay una escena al final de *Memories* en la que aparece una selva espacial concentrada en un campo magnético y en el centro, una gigantesca rosa giratoria. Crear esta rosa a mano habría sido muy difícil, y por eso hablamos de hacerla con ayuda digital. Fuimos a visitar algunos estudios que por aquel entonces producían videojuegos y les pedimos que nos explicaran cómo lo hacían. Su respuesta fue: "¿No sería más rápido que compraseis vuestro propio sistema ya que al fin y al cabo sois vosotros los que vais a hacer la animación?", y así es como empezamos a instalar nuestros propios ordenadores. Al tratarse de animación para películas la cantidad de tiempo que se invierte en producción es bastante importante y si tuviéramos que utilizar medios externos los costes habrían sido astronómicos.

Así pues, compramos la máquina más moderna del mercado, un Mac Quadra y al decir que realizaríamos la película con Mac contamos con la colaboración de Apple. Aún conservamos este ordenador y lo tratamos con gran devoción (risas), le hemos pegado un cartel de "No Tocar" y todo. Con el tiempo compramos tres ordenadores más y empezamos a reclutar personal (risas). Todo esto era antes de que a nadie se le hubiera ocurrido producir una película digital, así que básicamente íbamos aprendiendo de nuestros errores, pero era divertido.

No sé si debería contar esto pero... la persona que vino a vendernos los Macs tenía el típico brillo de emoción en los ojos y nos preguntó para qué íbamos a utilizar los ordenadores. Cuando le dijimos que eran para animación nos rogó que le permitiésemos colaborar. Le preguntamos: "¿Y qué pasa con tus ventas?", y nos contestó que las dejaría (risas). Nos dijo que siempre había deseado dedicarse a

esto y que los ordenadores contaban con un software magnífico. Además, insistió en que, al ser vendedor, conocía a la perfección las máquinas y los programas (risas). Pensamos en toda la gente con gran potencial que podríamos contratar y que podían trabajar mejor que este chico con el brillo en los ojos que insistía en que lo que más ilusión le hacía en esta vida era trabajar haciendo animación. Actualmente, es el director de CG de Steamboy.

P: ¿Dibujan ahora las imágenes directamente en una tableta digitalizadora?

R: No, las dibujamos a mano y las escaneamos hasta que conseguimos las imágenes en movimiento.

P: ¿La gente que es incapaz de dibujar con lápiz es también incapaz de crear ilustraciones por ordenador? ¿Suelen realizar alguna prueba de dibujo?

R: Como no solemos buscar personal no tenemos ninguna prueba oficial, pero cuando tenemos que contratar a alguien, le pedimos al candidato que dibuje un cubo. Últimamente esta práctica parece funcionar. Si una persona es incapaz de dibujar esto es conceptualmente incapaz de captar el movimiento. Esta gente puede trabajar muy bien en dos dimensiones, pero no son capaces de concebir cómo las cosas cambian con el tiempo. Por eso, es mejor que no les contratemos, aún cuando el puesto ofertado esté únicamente relacionado con la producción y no tenga nada que ver con la animación. Puede que sea sólo un cubo, pero si no tienen suficiente sentido tridimensional como para plasmarlo al instante y ser capaces de pensar "ah, esto debería ir curvado" y de adaptar la imagen, no pueden trabajar. En cambio, si tienen este sentido básico podrán estudiar y aprender después cómo se mueve un ser humano, todo dependerá del individuo. Nadie sabe trabajar con un ordenador de buenas a primeras. Es lo mismo para todos al principio, vayas a trabajar en dos o en tres dimensiones.

• El concepto del animador

P: ¿Es el animador un artesano?

R: En Studio 4ºC todos somos artesanos. Todos trabajamos con el espíritu de auténticos artesanos, que ponen en su trabajo toda su alma y todo su corazón.

P: Más que como artesanos, la gente ve a los miembros de Studio 4ºC como "instintivos".

R: No estoy de acuerdo en absoluto. En realidad, un 1% de lo que hacemos es inspiración y el 99% restante, esfuerzo. La inspiración es importante. Le damos mucha importancia porque creemos que los animadores estarían perdidos sin ella (risas). Pero la inspiración no basta para producir una película. Todo el mundo tiene ideas; por cada millón de personas surgen miles de millones de ideas. Y todo el mundo tiene inspiraciones, hasta los niños las tienen, pero por supuesto, muy pocos llegarán a plasmarlas en una película.

Una habitación tan ordenada que sería imposible adivinar que es un estudio de animación. La animación digital se realiza en talleres con escasa luz.

P: Usted ha trabajado con una gran variedad de artistas. ¿Qué es lo que hace grande a un animador?

R: Katsuhiro Otomo tiene infinidad de ideas, pero también es capaz de unirlas y hacer que encajen. En su caso, no se queda todo en una mera inspiración. Para la mayoría de la gente todo termina ahí sin haber llegado siquiera a darle forma. El poder ser capaz de realizar con energía un trabajo convincente que acabe convirtiéndose en una película es algo fantástico. Todo esto es, además de un manifiesto de genialidad, un manifiesto de un esfuerzo extraordinario. Cualquiera tiene inspiraciones por naturaleza, pero los que crean tienen la capacidad de soportar la responsabilidad de darles forma y llevarlas a buen término. Ésa es la razón por la que los creadores son capaces de convertir sus ideas en un trabajo acabado que puedan ver los demás. La mayoría de la gente inventa excusas como: "¡Es imposible!", "Necesito un descanso" o simplemente se rinden. Los que son capaces de crear no se rinden, como Hayao Miyazaki. Él no para hasta el final, es muy persistente (risas). Tras la primera toma de *Mi vecino Totoro*, cuando volvimos al estudio dijo: "Con este final, el Gatobús tiene mucho protagonismo, pero no Totoro. Se me ha ocurrido una manera de hacer que termine dándole más protagonismo a Totoro, sólo necesitamos quince tomas más". Todos protestamos: "¡Venga Miyazaki, déjalo ya!", (risas). Eso es lo que significa ser persistente con el trabajo, tener la capacidad de exigir un producto minucioso y acabado. En el momento en que te viene una inspiración te convences de que esta idea va a llevarse a cabo inevitablemente, pero cuando la dibujas en un papel empiezas a pensar: "Esto no es exactamente lo que yo había imaginado". Y una vez que has terminado con el personaje, los fotogramas iniciales y el movimiento, piensas que no acaba de cuadrarte. Al final, sólo un diez por ciento sale como habías previsto; con suerte, sólo el 50 o el 60 por ciento saldrá como habías imaginado. Entonces, coges lo que tienes y haces lo que puedes, lo que viene a significar interminables repeticiones de tomas (risas). Opino que un buen animador es aquel que no se harta del trabajo realizado sino que lo lleva a flote hasta el final.
No obstante, la gente en este tipo de ambientes creativos suele ser así. Continúan con el trabajo, e incluso cuando alguien al final del final dice "Vamos a repetir una escena", contestan: "De acuerdo".

P: Nos gustaría que nos diese su verdadera opinión respecto a la animación erótica.

R: Incluso cuando producimos algo erótico no me gusta que sea por norma de naturaleza lasciva. Sin embargo, es preciso dar en el impulso erótico, como el impulso de comer o de dormir. Además, si la escena representa un acto de amor, todo debe ser dibujado al detalle sin difuminar los genitales. De este modo, aunque parezca contrario a lo que se considera "erótico", se consigue despertar el apetito sexual de algunos espectadores. Las escenas eróticas son necesarias para darle a un personaje "lujurioso" su carácter y creo que la presencia de estas imágenes hace la animación más interesante.

P: Me pregunto si los miembros de Studio 4°C consideran alguna obra excepcional. ¿Hay alguna película, animada o de cualquier tipo, que crean que es de visión obligatoria?

R: A Morimoto le gusta *Cabeza borradora*, Tanaka se inclina más por películas como *Terminator 2* o las de *Alien*. No sé si éstas son las más adecuadas... (risas).

La gente no debería quedarse con la imagen que se crea de la información que encuentra en Internet. Por lo visto, está desapareciendo la costumbre de ir al cine y de aprender viviendo la película. No os contentéis con ir al videoclub. No importa si lo que vas a ver en el cine es la película más taquillera del día, lo importante es que vayas. Es de vital importancia el estar encerrado en un ambiente oscuro durante dos horas. Es como estar en un ambiente de otro mundo, cara a cara con la película. Así es como consigues penetrar en ella. Puede haber momentos en los que la película no te absorba del todo, pero habrá otros en los que te conmueva profundamente.
Por ejemplo, si lo que quieres ver es *Cabeza borradora*, irás en busca de un cine donde la proyecten aunque sea en el lugar más recóndito de Hokkaido (risas) para poder decir: "¡He visto la película de David Lynch!". Estas palabras son las que le llegan al director. Es de una importancia vital el ver el trabajo mano a mano, en un espacio en el que la tensión y el estar ahí no puedan verse interrumpidos. No debe hacerse en un ambiente que tú hayas creado, sino en un espacio forzado en el que penetrar. Éste es el lugar ideal en el que una película debería verse.

P: ¿Y hay alguna obra de animación japonesa que considere usted que destaca?

R: ¿Una obra de animación que considere difícil de superar? Creo que una muy entretenida era *Koneko no Rakugaki [Kitten's Scribblings]* (risas). El director, Yasuji Mori era el maestro de la animación cuando empecé yo en el sector. Al principio creía que era el típico viejo estúpido (risas), pero fue el profesor de Hayao Miyazaki. Es una bellísima persona, muy elegante y algo pequeño, pero a la hora de echar pulsos es genial (risas). La película trata de un gatito que no para de dibujar garabatos por todas partes. Mori es un director tan fantástico que hasta los garabatos del gato son adorables. Si ves esta película sentirás que de verdad poseemos ese algo llamado animación porque hacer dibujos es algo divertidísimo. Esta obra debería ser de visión obligatoria para todos aquellos que quieran dedicarse a la animación en un futuro (sonrisa).

Cuando Katsuhiro Otomo comentó que quería hacer *Taiho no Machi* [3.er episodio de *Memories: Cannon Fodder]* de una sola toma pensé: "esto va a ser como *Koneko no Rakugaki*". Quise hacer que ese trabajo supusiese un final de la vieja era antes de la nueva era digital de la animación, aunque sabía que no sería tarea fácil.

P: Para terminar, ¿qué consejo daría a nuestros lectores?

R: No abandonéis. Confiad de verdad en que tenéis un talento maravilloso, sed constantes y no os rindáis. Recordad que hay gente que no saca lo que tiene dentro hasta que no cumplen los 60 ó 70 años. Ha habido artistas que no han empezado a dibujar hasta cumplir los 70 años y han hecho libros con unas ilustraciones increíbles. Así que, no os rindáis, no importa qué edad tengáis. Sea lo que sea aquello que os gustaría hacer, llevadlo adelante.